DEFICIENTE MENTAL
Por que fui um?

Deficiente mental – Por que fui um?

25-10-19-1.000-93.320

Direção editorial: **Ronaldo A. Sperdutti**
Capa, projeto gráfico e editoração: **Estúdio Design do Livro**
Imagens da capa: **Lisa-Blue | iStockphoto**
Revisão: **Tatiana Gregório**
Renata M. P. Cordeiro
Cristina Yamagami
Impressão: **Paym gráfica e editora**

Dados Internacionais de Catalogação na Publicação (CIP)
(Câmara Brasileira do Livro, SP, Brasil)

Deficiente mental – por que fui um? / espíritos diversos ; psicografado pela médium Vera Lúcia Marinzeck de Carvalho. – São Paulo : Petit, 1998.

ISBN 978-85-7253-041-5

1. Espiritismo 2. Psicografia I. Espíritos diversos II. Carvalho, Vera Lúcia Marinzeck de.

97-5766 CDD: 133.9

Índice para catálogo sistemático:
1. Relatos mediúnicos : Espiritismo 133.9

Impresso no Brasil.

VERA LÚCIA MARINZECK DE CARVALHO

Com explicações do Espírito **ANTÔNIO CARLOS**

DEFICIENTE MENTAL

Por que fui um?

petit® editora

Av. Porto Ferreira, 1031 – Parque Iracema
CEP 15809-020 – Catanduva-SP
17 3531.4444
www.petit.com.br | petit@petit.com.br

CONFORME NOVO ACORDO ORTOGRÁFICO

Livros da médium
VERA LÚCIA MARINZECK DE CARVALHO

Da própria médium:

- *Conforto Espiritual*
- *Conforto Espiritual 2*

Psicografados:

Com o Espírito Antônio Carlos

- *Reconciliação*
- *Cativos e Libertos*
- *Copos que Andam*
- *Filho Adotivo*
- *Reparando Erros de Vidas Passadas*
- *A Mansão da Pedra Torta*
- *Palco das Encarnações*
- *Histórias Maravilhosas da Espiritualidade*
- *Muitos São os Chamados*
- *Reflexos do Passado*
- *Aqueles Que Amam*
- *O Diário de Luizinho* (infantil)
- *Novamente Juntos*
- *A Casa do Penhasco*
- *O Mistério do Sobrado*
- *O Último Jantar*
- *O Jardim das Rosas*
- *O Sonâmbulo*
- *Sejamos Felizes*
- *O Céu Pode Esperar*
- *Por Que Comigo?*
- *A Gruta das Orquídeas*
- *O Castelo dos Sonhos*
- *O Ateu*
- *O Enigma da Fazenda*
- *O Cravo na Lapela*
- *A Casa do Bosque*
- *Entrevistas com os Espíritos*

Com o Espírito Patrícia

- *Violetas na Janela*
- *A Casa do Escritor*
- *O Voo da Gaivota*
- *Vivendo no Mundo dos Espíritos*

Com o Espírito Rosângela

- *Nós, os Jovens*
- *A Aventura de Rafael* (infantil)
- *Aborrecente, Não. Sou Adolescente!*
- *O Sonho de Patrícia* (infantil)
- *Ser ou Não Ser Adulto*
- *O Velho do Livro* (infantil)
- *O Difícil Caminho das Drogas*
- *Flores de Maria*

Com o Espírito Jussara

- *Cabocla*
- *Sonhos de Liberdade*

Com espíritos diversos

- *Valeu a Pena!*
- *O Que Encontrei do Outro Lado da Vida*
- *Deficiente Mental: Por Que Fui Um?*
- *Morri! E Agora?*
- *Ah, Se Eu Pudesse Voltar no Tempo!*
- *Somente uma Lembrança*

Livros em outros idiomas

- *Violets on the Window*
- *Violetas en la Ventana*
- *Violoj sur Fenestro*
- *Reconciliación*
- *Deficiente Mental: ¿Por Que Fui Uno?*
- *Viviendo en el Mundo de los Espíritus*
- *Fiori di Maria*

Alguns anos atrás, assisti a uma palestra de um médico que muito me impressionou. Ele era pai de uma menina excepcional. Dizia ele:

"Há duas maneiras de ver uma árvore.

"A primeira com os olhos de um capitalista que só visa lucros e enxerga milhares de caixas de fósforos ou folhas de papel...

"A segunda com os olhos da alma, que admira suas folhas, aprecia o perfume das flores e deleita-se à sua sombra, saboreando seus frutos..."

Foi dessa segunda maneira que aprendi com ele a encarar um excepcional, que, como a árvore, é dádiva de Deus, a própria luz materializada no milagre da vida!

E é assim que eu os vejo nestes relatos de experiências por meio de reencarnações...

Doutor José Roberto Leite

Médico pediatra e homeopata

Leme, SP, outubro de 1997

NOSSA ADMIRAÇÃO e respeito aos que amam, cuidam e orientam aqueles que por algum motivo passam por uma encarnação com deficiência.

Sumário

Adolpho

É COM MUITO PRAZER que aproveito a oportunidade de ditar minhas experiências com a intenção de alertar a todos, principalmente meus irmãos que no momento estão encarnados.

– Dol... Dolf... – falava com dificuldade.

Não conseguia pronunciar direito as palavras, falava pouco, errado, e era assim que respondia quando alguém indagava meu nome. E sempre, ou meus pais ou minhas irmãs, respondiam por mim. Escutava-os com alegria, achava meu nome lindo.

– O nome dele é Adolpho.

Eu tentava repetir mentalmente, mas na hora de falar atrapalhava-me e só saíam pedaços.

Era o filho mais velho, depois de mim nasceram Iana e Margareth, a Gá, que muito me amou.

Pensei muito em como descrever minha última encarnação. Achei melhor fazê-lo como a senti, e depois dando algumas explicações que só entendo agora, depois de recuperado e sentindo-me sadio.

Arrastava-me pelo chão, às vezes sentia arder as palmas das mãos, pernas, mas não ligava, pois só assim ia aonde queria. E queria pouco, andar pela sala, tentar mexer no rádio. Gostava de músicas. Sabendo disso, mamãe ou Gá ligava-o para mim. Era estranho, daquela caixinha saíam vozes agradáveis. Não conseguia entender como aquilo funcionava, mas gostava. É tão estranho isso! Muitos não usufruem vários objetos sem saber o porquê de eles funcionarem? Quando me interessei pelo rádio, achei que havia alguém escondido, depois que havia pessoas dentro da caixa. Mas, se possuíam vozes bonitas e me faziam alegrar, só podiam ser boas.

Às vezes, em raros momentos, me entristecia, conseguia ver, percebia que era diferente, mais feio, mole e que não conseguia andar e falar como os outros. "Por quê?" – indagava-me. "Por que não posso? Não consigo?" Isso passava logo. Distraía-me com alguma "coisa"[1]. Gostava de observar mamãe, era tão bonita, meiga e boa. Ela movia as pernas com facilidade, andava, eu queria tanto fazer igual! Até tentava, caía e chorava, às vezes porque doía algo ou então por não conseguir imitá-la. Não pensava muito. Era estranho, as ideias vinham rápidas, e como vinham, iam.

---

1. Adolpho usa muito a palavra "coisa" e preferimos deixá-la e colocá-la entre aspas. Cita, a cada uma delas, certas referências, particularidades. (Nota da Médium)

Quando sentia fome, fazia sinal com a mão, sabia onde estavam os alimentos. Logo me traziam. Davam-me na boca. Gostava, sentia uma sensação agradável. Preferia o mingau amarelo, era mais saboroso, e eu comia tudo. Ria...

Não gostava de ficar molhado e às vezes sujava e sentia cheiro desagradável. Demorei a entender que era eu quem fazia aquilo. Mamãe foi me explicando, mostrando, e consegui entender que podia pedir para fazê-lo e assim não me molhar ou sujar. Mas, infelizmente, às vezes não conseguia pedir e fazia na roupa, ficando incomodado.

Logo que desencarnei essas lembranças me deixavam triste. Hoje, anos depois, entendendo o porquê de tudo, vejo, narro como se fosse um filme não apenas visto, mas sentido. Sou grato ao Pai Maior pela oportunidade do recomeço, da reencarnação, aos meus pais, às minhas irmãs e principalmente à doce e meiga Gá, por ter cuidado de mim com tanto carinho. Como narrarei depois, meu pai e eu estivemos juntos em outras encarnações. Mamãe não, nos conhecemos nesta, esse espírito bondoso me acolheu com amor e dedicação. Iana e eu somos velhos conhecidos, ela me incentivou ao erro, nesta me quis bem, mas tenta aprender, luta com suas imperfeições, esteve junto a mim, porém distante. Margareth, a irmã que realmente esteve ao meu lado me ajudando, me quis muito, não éramos conhecidos, mas bastou esta encarnação para nos tornarmos realmente amigos, ela aprendeu a amar.

Voltemos às minhas lembranças. Gostava de brinquedos, de brincar, tinha preferência por uma bola amarela que chamava de "bó"! Ria ao vê-la pular, queria fazer como ela, mas não dava certo, não conseguia, achava-a linda. Também gostava de sair, passear, como era agradável ver a rua, as pessoas passando, achava-as tão bonitas!

Não gostava, tinha horror a médicos, chorava ao vê-los e repelia se achava alguém parecido com um. Era, para mim, o "me", alguém que mexia comigo e me dava algo que doía, doía. Era injeção, eu não sabia nem falar. Eta palavra difícil para mim! Mas um dia, surpresa! Após ir ao médico, que me olhou o rosto, examinou minha visão, mamãe colocou "a coisa" no meu rosto, óculos, vi tudo melhor. Que sensação gostosa olhar mamãe, Iana e a minha Gá. Via-as bonitas e vi tudo melhor. Gostei da "coisa", a que chamei de "pó".

Entendia pouco, por mais que Iana e Gá tentassem me ensinar algo, não conseguia aprender.

– Você é burro!

Iana dizia sempre e eu ria. Mas, por momentos, sentia que tudo o que elas tentavam me ensinar era fácil. Por que não conseguia aprender? Fazer? Mas logo passava e ria, ria...

Tinha dores. Doía, chorava e preocupava a todos.

– Mostra, Adolpho, mostra com o dedinho onde dói!

Dizia Gá ou mamãe, pegando minha mão, mostrando o dedo. Balançava a cabeça negando, não, meu dedinho não doía. Às vezes a dor passava por si só ou com analgésicos.

Até que um dia Iana teve dor de dente, e o dentista extraiu seu dentinho de leite e foi um estalo. Papai disse:

– Iana teve dor de dente, será que Adolpho também não tem?

– Meu Deus! – exclamou minha mãe. – Será que ele está chorando de dor de dente? Levá-lo-ei ao dentista, e hoje mesmo!

E o fez. Gostoso ir passear. Colocaram-me num carrinho, que não era pequeno, era grande, pois eu era gordo e pesado. Tive medo, muito medo mesmo, do consultório e do senhor risonho que me atendeu. O dentista era conhecido dos meus, atendia toda a família, sabendo do meu medo, tentou me agradar.

– Sim, o menino tem dentes cariados e está tendo dor de dente – afirmou ele a minha mãe, após examinar minha boca.

Não foi um tratamento fácil. Não parava quieto e tinha tanto medo que tremia, apavorado. Sentia-me mal, suava, babava, e muitas vezes sujava as calças.

Todos tinham dó de mim. Meu medo não era compreendido. Mamãe levou-me ao dentista porque sabia da necessidade de tratar dos meus dentes. Sofria mais pelo temor do que pelo tratamento.

Até que tinha uma pequena compreensão de que aquele senhor risonho não estava me castigando e que depois me sentiria aliviado sem as dores agudas na boca. Mas tinha um medo terrível.

Tinha a saúde frágil e muitas crises de bronquite. Mamãe, sabendo do meu medo, levava-me ao médico só quando estava realmente mal. Aí, teve uma ideia, chamar o médico em casa. Em meu ambiente conhecido não temia tanto, e Gá segurava minha mão com força, dizia me acalmando:

– Adolphinho, calma, não fique nervoso, irmãozinho querido, Gá está aqui, nada de mal acontecerá com você.

Entendia? Não, pelo menos não o sentido das palavras, mas sentia a sua vibração de amor. E como isso me fazia bem! Confiava na Gá.

Iana gostava de brincar comigo, era o seu bebê, sua boneca. Gostava, mas logo ela perdia a paciência e gritava comigo:

– Menino bobo!

Aí achava ruim e, às vezes, vinham as palmadas que ela me dava, que ardiam, então chorava. Mamãe e Gá me acudiam e Iana, às vezes, era castigada, não gostava de vê-la chorar, chorava mais ainda. Muitas vezes, nas suas brincadeiras, Iana tentava me pegar, certamente não conseguia, era pesado para ela, então minha irmã me arrastava pelo chão, puxando-me pelas pernas e braços. Gostava até que me doía algo, aí chorava.

Gá não, nunca me fez algo que doesse. Gostava tanto quando ela sentava no chão, colocava minha cabeça no seu colo, cantava para mim, passava suas mãos delicadas na minha cabeça e no meu rosto. Que bom! Como o amor é confortador! Chegava a cochilar. Como gostava de receber seus beijos, tentava também beijá-la. Para mim isso queria dizer: "Amo você, é importante para mim". Dava um beijo estranho, tentava imitá-la, fazia careta, bico e babava. Gá ria achando bonito, e eu ria alegre, nesses momentos fui realmente feliz pelo que tinha.

Se em raros momentos sentia-me diferente, foi porque meu espírito sabia que estava preso num corpo deficiente, com o cérebro danificado por uma causa física. Lógico, o cérebro físico adoece. E por quê? Certamente tem as causas e as explicações por meio do espírito que habita nele.

Porque é difícil nós, na roda dos renascimentos, sermos totalmente isentos de erros. Pode acontecer até um acidente que danifique o feto, o corpo físico, e o perispírito ser e continuar perfeito. Muitas vezes amigos do reencarnante podem desligá-lo da matéria defeituosa, porque, se ele tiver algo para realizar, não será possível num corpo deficiente. Há então o desencarne e ele fará nova tentativa. Ou então esse espírito aproveita a oportunidade e faz da deficiência um grande aprendizado.

Tive muitas doenças, o sarampo quase me fez desencarnar. A febre alta me fazia delirar. Via-me como médico e tremia de medo. Nos meus delírios, andava normalmente examinando pessoas, não gostava, preferia me arrastar no chão a ser aquela pessoa, o médico. Que horror! Eram terríveis pesadelos. Foi um alívio sarar do sarampo. Mas estava sempre com as crises de bronquite, era tão ruim ter dificuldade para respirar... Não gostava de "coisas" ruins, de remédios. Até que de alguns eu gostava, de outros não e então, os cuspia. Gá falava comigo para engoli-los, mamãe também, mas os cuspia. Mamãe um dia ficou brava comigo:

– Adolpho, tome seu remédio, senão o levarei ao hospital, onde têm médicos!

"'Os' (hospital) não" – pensei e tomei.

Virou chantagem. Certo? Não me cabe julgá-los. Não fizeram por maldade. Desconhecendo as causas do meu pavoroso medo, não conseguiram entender a profundidade dele. Mamãe sofria junto comigo. Eram noites e noites tentando aliviar meu tormento, em que ela e papai passavam sem dormir. Remédios caros. E eram eles que me aliviavam um pouco. Papai ganhava razoavelmente bem, morávamos em casa própria. Mamãe não podia trabalhar fora porque eu lhe dava muito trabalho e não podia ficar sozinho. Não tinha onde me deixar. Morávamos numa cidade pequena, e lá não tinha, na época, uma escola especializada para mim. Privaram-se de muitas "coisas" por minha causa. Desde saírem de casa, irem a festas, até viagens, e minhas irmãs de terem o que queriam. Gastavam muito comigo.

Fiz dezoito anos, meses depois tive uma forte crise, a pior de todas, e o médico foi chamado. Bondosamente ele veio em casa me examinar. Brincou comigo como sempre, tentando não me assustar.

– Oi, menino Adolpho! Vim vê-lo! Olhe que bonito!

Mostrou seu estetoscópio, balançando-o. Dessa vez, embora com medo, não reagi, isso o preocupou. Sentia-me tão fraco que o pouco de força que tinha usava toda para respirar. Sofria.

Quando recordei meu passado, vi também os principais acontecimentos desta minha última encarnação. Como disse, foi como ver um filme, só que real. Por isso posso dizer particularidades, como o médico preocupado, meus pais aflitos etc.

O médico me examinou e falou aos meus pais. Eu ouvi. Compreendi? Não as palavras, mas senti a situação:

– Adolpho está mal, seu coração está falhando. O melhor seria levá-lo para o hospital.

– "Os" não! – balbuciei, arregalando os olhos.

Comecei a chorar, piorando a crise.

– Você não vai!

Papai me olhou e falou firme, segurando meus braços. Confiei e me acalmei.

– Terá chances de ele ir lá e melhorar? – indagou mamãe, segurando-se para não chorar.

– Não sei... – falou o médico, preocupado. – Acho que Adolpho só virá a piorar. Não entendo seu medo, mas sei bem que o temor no seu estado só piorará sua situação.

O médico passou a mão carinhosamente no meu rosto. Estava quase que sentado na minha cama de grade. Estremeci. Ele se afastou. Papai aproximou-se para me acalmar, disse, segurando minha mão:

– Adolpho, meu filho, você fica em casa! Daqui você não sai!

Sorri, estava com dores e sentindo muito desconforto, mas sorri, papai me protegeria.

O fato é que ficaram os dois indecisos, resolveram não me levar para o hospital, mas sofreram com a indecisão. Decidiram pelo que acharam que era melhor para mim, e realmente o foi. Com meu pavor, sofreria muito mais se tivesse ido. Quero deixar claro que esse é um caso específico, meu, que particularidades assim devem ser analisadas com muito critério.

– Se ele está para morrer – disse mamãe –, que o faça em casa e conosco. Teme tanto o hospital e os médicos que seria judiação levá-lo para um, sem chances de melhorar.

O médico também deu sua opinião. Talvez, se ele entendesse a pluralidade das existências, saberia analisar melhor o que ocorria comigo.

– Adolpho tem muito medo de médicos, não deveria, certamente foram vocês a lhe passar medo. Mas agora não é hora de saber as causas. Ele tem medo, isso é real para ele. Com o coração tão frágil, acredito que com o pavor que sentirá lhe será muito prejudicial. Vamos cuidar dele em casa.

– Prometi a ele e cumpro! Adolpho não sairá daqui! – exclamou meu pai. – E o senhor se engana, não passamos medo a ele. Acho que esse medo é porque ele, desde pequenino, é muito doente, talvez tenha na sua cabecinha ligado a dor a médicos e consequentemente a hospital, que para ele significa médicos. Ele nunca foi a um hospital, só quando nasceu.

Assim fiquei dias em casa, no leito, muito doente. Tentava sorrir para a Gá ou Iana, quando elas brincavam comigo. Sentia-me cansado, tremendamente fraco, com dores por todo o corpo e com muita dificuldade para respirar.

Não senti nem percebi a minha desencarnação. Quando dei por mim, estava num local parecidíssimo com meu quarto, mais enfeitado e com muitos brinquedos. Minha respiração estava quase normal, e não tinha mais dores. Senti-me aliviado.

Desencarnei e fui socorrido imediatamente, levado ao Educandário, local para crianças em uma colônia muito bonita. Todas as colônias são bonitas. Estava abrigado numa parte, ala especial para os que foram encarnados deficientes mentais. Crianças? Sim, embora com dezoito anos na matéria, era uma criança, sentia-me uma. Quarto parecido com o meu? Sim, isso acontece muito no plano espiritual, para que não estranhemos muito. Mais enfeitado e com muitos brinquedos? No Educandário há alegria, tudo é feito para alegrar seus abrigados e normalmente crianças gostam de locais alegres, enfeitados e de muito carinho.

Minha família sentiu meu desenlace. Mas compreenderam que foi melhor para mim. Eram católicos, iam à igreja, só que não me levavam. Às vezes, Gá ou Iana tentavam me ensinar a rezar. Agora, ali no leito, lembrei-me com mais facilidade dos dizeres delas:

"Menino Jesus de Belém, eu lhe quero muito bem!"

Ri contente. É fato que eles rezavam muito por mim, imaginando-me no céu. Isso é importante, quando nos imaginam bem, nos mandam pensamentos otimistas, que nos ajudam muito. Os meus familiares, que amo muito, imaginaram-me num lugar bom, sadio, sem dores, alegre e feliz. Era tão forte nossa relação que quis sentir o que eles imaginavam. A vontade é quase tudo e no meu caso significava muito. Não tive dó de mim e isso me auxiliou.

A vida deles depois do meu desencarne mudou e para melhor. Após um período de descanso, mamãe arrumou um emprego, as finanças melhoraram, as meninas puderam ter roupas novas e estudar em escolas melhores. Puderam passear e até viajar. Mas vivi sempre nas suas lembranças de forma carinhosa, e Gá, adulta, fundou na nossa cidade uma escola especializada para deficientes mentais e sempre menciona com ternura fatos referentes a mim: "Meu irmãozinho Adolpho..."

Fui, sou tremendamente grato a eles.

Bem, acordei no Educandário, num quarto que achei lindo, examinei tudo olhando cada canto. Estranhei e comecei a chorar. Logo um senhor e uma moça se aproximaram do meu leito. O homem disse sorrindo carinhosamente:

"Adolpho, que se passa com você? Que sente? Quer tomar água? Quer passear? Ouvir música?"

Queria tudo aquilo, o senhor adivinhou do que eu gostava (sabia). Mas queria mamãe e Gá.

"Ah!", disse a moça me abraçando. "Vamos passear, colocarei você no carrinho e o levarei ao parque para ver outras crianças. Vou ensiná-lo a andar. Quer? Claro que quer!"

"Pó!", exclamei.

"Ah!", respondeu a moça. "Seus óculos! Não precisa mais deles. Você não está me vendo? Vamos aprender a dizer certo. Óculos!"

Gostei deles, tanto do senhor como da moça. Passei a mão no meu rosto, de fato não estava com eles e enxergava bem. Era agradável, estava tanto ouvindo como enxergando perfeitamente. Ri alto e tentei repetir.

"Ulos!"

"Melhorou! Vamos passear! Vou trazer para você um rádio de presente. Sou a tia Estefânia e este é o tio Walker. Amamos você!"

Os dois novos amigos colocaram-me num carrinho bem mais bonito que o meu e me levaram para passear. Amei tudo o que vi. Chamei com a mão um passarinho e ele veio cantando para o meu dedo. Ria, ria...

As atividades eram muitas, aulas para aprender a andar, falar e, surpresa: aprendi com mais facilidade, como sarei, meus dentes tornaram-se perfeitos assim como a visão e a audição, não tive mais dores. Senti saudades de casa, dos meus pais, das minhas irmãs, mas fui também compreendendo que tinha ido morar em outro lugar.

Tempos depois, dois anos, estava normal, a fazer pequenas tarefas, como distrair os recém-chegados. Agora falava corretamente. Entendi que meu corpo deficiente morreu, que desencarnei, e achei tudo normal como realmente é. Não existe desencarnação igual, nada no plano espiritual é regra geral. Mesmo desencarnado sentia-me deficiente, porque meu corpo perispiritual estava doente antes de reencarnar.

Necessitei recuperá-lo na matéria física e nesses dois anos no plano espiritual.

Mas... Como há "mas" em nossas vidas até que aprendamos a conviver harmoniosamente! Continuava com medo de médicos, agora não tinha pavor, mas não gostava nem de vê-los, necessitava resolver esse problema.

Dona Marga me atendeu para uma consulta. Essa senhora é psicóloga.

"Ah!", disse ela carinhosamente. "Vamos ajudá-lo a compreender o que se passa com você. Esse medo o incomoda?"

"Sim, senhora", respondi, "incomoda. É chato, aqui há muitos profissionais da medicina que tanto bem fazem e mesmo assim os temo. Depois, não quero reencarnar com esse medo, que provavelmente continuará depois de encarnado. Dona Marga, tenho também certas lembranças, me vejo em outro corpo, bonito, jovem, a examinar outros e..."

"Adolpho, você não aprendeu que nascemos muitas vezes em corpos diferentes? Você já reencarnou diversas vezes."

"Sei! Mas não gostaria de ter sido esse homem", falei triste.

Foi um tratamento longo, que parei muitas vezes porque me recusava a recordar. Nada me foi imposto. Mas as lembranças vinham espontâneas e eu não as queria. Dona Marga me explicou que fixei muito na minha mente espiritual esses fatos que recordava, isso antes de reencarnar como Adolpho, e que essas lembranças eram minhas, parte do meu passado e que tinha de enfrentá-las. Até que resolvi de vez solucionar esse problema que me incomodava. Já fazia cinco anos que desencarnara, continuava no Educandário, fiz lá todos os cursos que aquele local abençoado oferece e trabalhei muito. Cuidava dos recém-desencarnados, os recém-chegados da Terra, com todo carinho, sabia que fazia meu trabalho bem feito e era elogiado, estava feliz, mas sentia que tinha algo para fazer, tinha de resolver esse meu problema e deixei numa sessão com dona Marga as lembranças virem e as enfrentei. Como não aceitar nosso passado? É nosso! Nossos atos nos pertencem.

Na minha penúltima encarnação nasci no seio de uma família de posses e de muito orgulho. Cresci achando que era um ser superior em raça e inteligência. Quis estudar, gostava de aprender e cursei as melhores escolas de meu país. Tornei-me médico ainda jovem. A vida me sorria, era rico, bonito e casei com uma jovem do meu meio social. Minha esposa foi Iana, minha irmã nesta última encarnação. Tudo parecia bem até que a guerra veio modificar nossas vidas.

Meu pai conseguiu por um tempo impedir que eu fosse para a frente dos campos de batalhas. Mas a pátria necessitava de mim e parti. Minha esposa, ambiciosa, aconselhou-me a aproveitar a situação para me sobressair como médico. Ela sempre me motivou só para a ambição, para que ficássemos cada vez mais ricos.

Fui para a guerra, para um local onde estava havendo encontros de grupos rivais. Humanos batalhando, matando outros seres iguais. Como é triste a guerra! Lá encontrei dois outros médicos e nos tornamos amigos, dr. Frank, já mais idoso, e dr. Ralf, tão jovem quanto eu. Trabalhamos juntos. A guerra é terrível, ali foi que vi o tanto que nossos conhecimentos estavam à prova.

Paro um pouco de ditar, enxugo as lágrimas. São recordações dolorosas. Mas se são minhas, assim como meus atos, não devem ser motivo de tristeza. Tristeza não paga dívidas. Minhas lembranças só devem me motivar a servir o Bem.

Tínhamos muito trabalho, às vezes faltavam medicamentos e os alimentos eram escassos.

Onde estávamos se tornou, logo após minha chegada, um local de muitas batalhas. Não só tínhamos de cuidar dos nossos compatriotas como dos inimigos, que pareciam estar levando a melhor. Então nós três resolvemos eliminar os feridos inimigos e de modo cruel. Fizemos muitas maldades, poderia narrá-las, mas para quê? Acho mórbido e creio que o leitor entenderá que muito fiz para ter tido grande remorso.

Desencarnamos nós três e muitos outros num ataque de surpresa. Fisicamente não senti muito, meu corpo morreu rápido e acordei em espírito vagando num sofrimento atroz. Sentia-me despedaçado sem nada que me acalmasse as dores.

"O senhor morreu!", falou um sujeito estranho. Um desencarnado inimigo.

"Senhor? Por que o chama de senhor? É senhor de que ou de quem?", disse um outro maldosamente.

"É mesmo!" falou rindo o que primeiro me dirigiu a palavra. "Você! Você morreu!"

Esses desencarnados que eu julgava serem os inimigos nos odiavam tanto quanto nós a eles, inverteram os papéis, passei a ser paciente deles. Vingaram-se. Revoltei-me. Por que morri? Jovem, bonito, rico e aquela maldita guerra a separar-me dos meus, levando-me para a frente dos campos de batalha. Foi a guerra a culpada de ter feito o que fiz. E ainda morrer e continuar vivo. Sofri muito.

Creio que é mais triste e deprimente ver desencarnados num campo de batalha do que encarnados. Há ódio, muito rancor e sofrimento. Muitos são socorridos ao desencarnarem, podem ser socorridos, mas a maioria não. Continuam lutando sem o corpo físico. Socorristas bondosos trabalham ininterruptamente tentando ajudar a todos. Mas muitos recusam ajuda porque querem se vingar, ou porque estão revoltados, mas ali estavam profundamente perturbados, preferindo continuar guerreando. Não quis o auxílio oferecido.

Sofri por anos, ora no umbral, ora ali onde fiz as minhas maldades, que com o término da guerra passou a ser uma bonita campina e campos cultivados. Mas para mim continuava a guerra, só via as cenas atrozes que presenciei. Entendi que não tinha por que me revoltar, era culpado. Tive profundo remorso.

O grupo foi rareando. Cada um dos ex-combatentes foi tomando rumo. Ficamos alguns e nos unimos para não ficarmos sozinhos. Já não havia mais vingança nem inimigos, todos sofriam. Estava muito perturbado, as cenas dos meus erros não me deixavam nem por instantes. Via-me a examinar as minhas vítimas... Mesmo confuso, sofrendo, tinha consciência de que era justo meu sofrimento e que era bem merecido, não queria o perdão deles, nem me perdoar.

Um dia meus pais, que há tempo estavam desencarnados, vieram atrás de mim. Abraçaram-me comovidos.

"Oh! Meu filho, o que a guerra fez com você!", disse meu pai.

Não foi a guerra que me fez mal. Com ela tive a oportunidade, uma grande chance de ter sido útil a todos. Deus não separa, não faz diferença entre seus filhos. Como pude eu fazer? Tive o ensejo de fazer o bem e preferi fazer o mal. A guerra só me deu a escolha. E infelizmente errei.

Não reconheci meus pais, porém senti a demonstração de carinho, chorei e me refugiei nos braços deles. Levaram-me para um socorro, recusei tremendamente a melhora, o remorso destrutivo lesou meu perispírito como também a perseguição que tive dos que não me perdoaram.

Os orientadores que cuidavam de mim disseram aos meus pais que eu melhoraria muito na matéria, num outro corpo, com a bênção do esquecimento. Mas minha lesão me acompanharia, seria um deficiente mental.

Os dois, meus pais, planejaram reencarnar, se unir e me aceitar como filho. Compreenderam que me criaram no orgulho, no preconceito, como se fosse uma raça superior, e que contribuíram para os meus erros. Reencarnaram e fiquei internado esperando minha volta à carne. Melhorei muito pouco, porque só me fixei nos meus erros, não conseguindo ver mais nada. Sofria, embora bem menos do que no tempo em que vagava. Era tratado com carinho, estava internado num hospital de uma colônia em uma ala especial.

Só que minha ex-mãe na carne não me aceitou, não quis nem casar com meu pai. Ele até que insistiu. Certamente em outros corpos os dois não lembraram do prometido, mas sentiram a necessidade de se unir, de realizar os planos que traçaram. Isso acontece muito, quando encarnados temos vontade de fazer alguma coisa sem entender bem o porquê. Mas por favor não generalizem, tudo deve ser analisado bem, os prós e os contras, e devemos fazer o que nos convém, o que é melhor a nós, ao nosso espírito. Não se faz planos de fazer o mal. E, como minha ex-mãe, podemos fazer bons planos e no corpo não querer assumi-los. Isso acontece muito. Temos o nosso livre-arbítrio, que é respeitado. Mas quem pode fazer e não faz continua com o débito, e este gera sofrimentos.

Então meu pai casou com outra, a bondosa mãezinha que me aceitou e tanto me amou.

Minha aparência atual? Bem, não quis mudar. Tenho a aparência dos que têm a Síndrome de Down, sou gordinho, só que perfeitamente sadio. Poderia mudar minha aparência, mas não quero. Aprendi uma grande lição nessa última encarnação, assim como estou. O importante para mim é ser útil. Certamente não recordei só os meus erros, mas também os conhecimentos. Fui um médico de muitos conhecimentos, estudei para tê-los, são meus e agora os uso para o bem. Pedi e obtive permissão para trabalhar na ala do Educandário em que fui abrigado quando desencarnei.

Lá sou o tio Adolpho, o tio brincalhão que ameniza as dores da saudade e os reflexos das doenças.

Mas, novamente o mas. Quis saber dos outros dois que erraram comigo, dr. Ralf e dr. Frank. Com permissão, fui vê-los, os dois estão encarnados, acompanhou-me o instrutor Flávio:

"Aqui está seu amigo, dr. Frank, que agora reveste outro corpo e tem outro nome", disse Flávio.

"Doutor Frank?!", exclamei, espantado.

Surpresa! Encontrei-o num acampamento da Cruz Vermelha. É jovem, médico e dedicado. Com muito carinho examinava uma criança negra e enferma. Ele a pegou no colo, sorriu e recebeu em troca um sorrisinho dela. A enfermeira comentou:

– Doutor, o senhor não tem medo de se contagiar? Não sabemos o que ela tem.

– Não – respondeu ele. – Não sei ainda o que ela tem, mas sei o que lhe falta: carinho! Seu tratamento está sendo doloroso, não quero que ela tenha medo de mim.

Fez careta, a criança sorriu timidamente, ele abriu a boca e mostrou a língua. Falavam idiomas diferentes, porém a criança entendeu e fez o mesmo, ele a examinou.

– Doutor – disse a enfermeira –, o senhor é tão jovem e bonito, não entendo o porquê de estar enfiado aqui nesse lugar.

Meu amigo riu, olhou por um instante para ela e respondeu:

– Minha cara, o que você faz aqui?

– Eu já não sou tão jovem assim. Depois, perdi meu marido e filho num acidente de carro. Amenizo minha dor ajudando a sanar dores alheias.

– O que é digno de admiração! Pois comigo nada aconteceu. Sempre quis clinicar, sanar dores, cuidar de vítimas de guerras. Como é triste pensar que na Terra não há paz! Sempre existem disputas, brigas, mortes e feridos. Pode acreditar, minha amiga, que sou feliz aqui. Parece que planejei isso antes de reencarnar e pela bondade de Deus realizo meu trabalho.

– Ah, o senhor de novo com as ideias orientais! – exclamou a enfermeira rindo.

– Olhe bem para esta criança! – falou o antigo dr. Frank. – Oito anos! Parece ter três ou quatro anos. Órfã, desnutrida e sofre tanto. Que Deus justo é esse que a fez assim? Não, minha cara, prefiro ter em Deus um pai justíssimo e amante de Seus filhos, todos, sem exceção. Esta criança é um espírito que renasce na nossa querida Terra. Penso, creio com certeza, que eu estou tendo uma grande, grandíssima oportunidade de estar reencarnado e aqui estar tentando ser útil. E, pode apostar, vou aproveitá-la.

Sorriu, abraçou a criança. Continuou feliz o seu trabalho.

Aproximei-me dele, emocionado, e disse com firmeza: "Deus lhe abençoe!"

Ele sentiu-se abençoado, vibrações de carinho, de incentivos, benévolas, caíram sobre ele. Desejei isso ardentemente.

"Que você, meu amigo, consiga fazer o que almeja!"

Saímos do acampamento, meu instrutor falou:

"Conseguirá! Ele conseguirá! Há cinco anos trabalha com afinco e amor. Ganha pouco e esse pouco é repartido com seus pacientes. Aqui também faltam muitas coisas, medicamentos e até alimentos."

"Não sei o que dizer", falei emocionado. "Encontrar dr. Frank aqui foi uma grande surpresa."

"Cada um reage aos erros de forma diferente. Ele enfrentou os dele sabiamente. Desencarnou, sofreu, arrependeu-se, mas não deixou o remorso ser destrutivo. Fixou por meta que: muito errou, muito tinha de amar. Quis reparar seus erros e aí está, reparando-os...

"Eu", falei, "deixei que o remorso fosse mais forte. Sofri e continuei a fazer sofrer, porque meus familiares padeceram comigo. Só vi o sofrimento como solução."

"Adolpho, como disse, as reações são diferentes para as mesmas ações, como também diferem em cada um. Que dr. Frank seja um exemplo!"

"Se Frank reencarnado tivesse se recusado a fazer o que planejou, o que aconteceria com ele?", indaguei.

"A todos nós é dada a oportunidade de reparação pelo amor, trabalho útil, recusada a oportunidade, aí..."

"A dor vem lembrar a responsabilidade", falei.

"Nem sempre é de imediato. Adolpho, vamos visitar o outro, o antigo dr. Ralf, e entenderá melhor."

Encontramos meu antigo companheiro andando apressado pela rua, ia para o trabalho. Inquieto, insatisfeito, estava nervoso. Necessitava do emprego para sobreviver, mas não gostava do que fazia. Aliás, pensava angustiado, não gostava de fazer nada, não conseguia manter o entusiasmo por algo por mais que alguns meses. Sentia-se perseguido, achava que todos estavam contra ele e não ele contra todos. Tinha inveja, ciúmes e qualquer coisa o aborrecia. Achava sua vida medíocre como também que merecia coisas melhores.

Olhamos para ele, examinando-o.

"Observe, Adolpho", disse meu instrutor, "que seu antigo companheiro está envolto por energias negativas que ele próprio cria ao desejar mal às pessoas. Quando nos iramos, desejando mal a alguém, criamos uma energia maligna e a projetamos, porém metade fica com quem cria, e se a outra pessoa para a qual enviamos essa energia negativa estiver com uma boa vibração, ela não a receberá e essa energia volta em dobro à fonte de origem."

"Mas ele não sofre nem repara os erros do passado", falei encabulado.

"Quando fazemos inimigos e estes não nos perdoam, podem cobrar de muitos modos, levando-nos a sofrer quase de imediato pelos nossos erros. Isso não aconteceu com nenhum de vocês três. Ninguém os cobrou ou os perseguiu reencarnados. Mas, se não há outros a nos cobrar, nossa consciência o fará um dia. Vocês três agiram erradamente. Você sentiu-se tão culpado que só o sofrimento foi visto como solução. Frank sabiamente quis corrigir os erros construindo onde no passado houve abusos. Ralf ainda não despertou nem para um, nem para o outro. Sofreu no umbral, foi socorrido e quis reencarnar. Arrependeu-se, mas não teve remorso destrutivo nem despertou para uma reparação. Você se engana, não precisa ter deficiência para sofrer. Ele é uma pessoa infeliz por não aceitar o que a vida lhe oferece, o que ele é no momento, seu espírito queria continuar tendo a importância que julgava ter no passado. Embora tenha o corpo sem deficiências físicas ou mentais, ele não é sadio. Sua insatisfação lhe traz muitas doenças."

"Ele ainda vai reparar seus erros? Vai sofrer por eles?", indaguei ao meu instrutor, preocupado.

"Creio que um dia irá se harmonizar com as Leis Divinas e, para quem não o faz por amor, normalmente a dor virá. E se você, Adolpho, soubesse ver como eu, veria que dentro de algum tempo um câncer irá se manifestar no corpo dele."

Cheguei junto dele e o abençoei:

"Que Deus o abençoe!"

Mas, nova surpresa, ele repeliu completamente os fluidos que carinhosamente lhe doei.

"Vou orar muito por ele!", exclamei.

"Vamos, Adolpho", disse Flávio. "Vamos para a colônia. Espero que tenha aprendido com essas visitas."

"Ralf com as doenças resgatará?", indaguei.

"Irá depender de como ele aceitará o sofrimento", respondeu meu instrutor.

"Irá, com certeza, sofrer com sua doença, mas, como eu, não fez nada de bom para reparar. Vendo Frank, sinto que tenho muito o que fazer."

"Você fará! Se quiser fará!", motivou-me o instrutor.

Sim, queria e quero! Após essas visitas, passei a ser mais dedicado, alegre e com propósito de ser cada vez mais útil.

Planos para o futuro? Claro que tenho. Não quero ser médico, pelo menos não na próxima encarnação. Planejo trabalhar com pessoas, talvez um farmacêutico, um psicólogo ou um enfermeiro. Mas quero me preparar, estudar e ser um encarnado útil, um trabalhador honesto e ser religioso, porque acho que uma religião bem seguida é uma orientação segura, e se tudo der certo serei neto de Gá, e aí terei o Espiritismo como seta na minha caminhada. Que Jesus nos abençoe!

Explicações de Antônio Carlos[2]

Adolpho, quando escreveu sua história, estava bem, recuperado e já sendo útil. Todos os relatos contidos neste livro foram feitos com os autores já refeitos. Muitas das lembranças de Adolpho vieram em sua mente com a ajuda da orientadora Marga. Isso para que ele compreendesse melhor.

Muitos dos que foram deficientes mentais, se não há motivos, não recordam o passado. No caso de Adolpho, o medo de médicos o incomodava.

---

2. Antônio Carlos é desencarnado, companheiro de trabalho da médium e organizador deste livro. (N.M.)

O amor verdadeiro nos sustenta em qualquer situação.

Como vimos, Adolpho se sentia feliz quando em demonstrações de carinho sincero, sentia-se amado. Por que não fazer feliz o nosso próximo, e ainda mais se este próximo é um dos nossos familiares? Todos que se sentem amados são mais seguros, tranquilos. Amando, sendo amados. Amando faremos com que os outros aprendam também a amar com nossa atitude afetuosa.

Adolpho teria se desenvolvido mais, teria aprendido a andar, a falar, se lhe tivessem ensinado. O aprendizado é recuperação.

O grande exemplo nesta narrativa é a atitude do dr. Frank. Consciente de seus erros, quis repará-los, e que grande oportunidade teve ele: "a reencarnação!" Oportunidade que todos nós temos. Mas coube a ele trabalhar, não deixar para depois, para amanhã; ele faz. Realmente muitos planos são esquecidos na ilusão da matéria. Cabe ao leitor pensar, analisar e fazer algo, multiplicar o talento que recebeu de Deus e não fazer como o servo preguiçoso que desencarnou como encarnou, nada fez de útil a si mesmo nem ao próximo. E você, meu amigo, não estará deixando passar esse grande ensejo em vão? E oportunidade de aprender, fazer o bem, todos temos. Basta aproveitar!

Júlio

FUI MUITO AMADO! Meus pais se desdobravam em atenção e cuidado para comigo. Fui o segundo filho deles. O primeiro, meu único irmão, Júnior, era perfeito e muito bonito.

Não tenho muitas lembranças do período em que estive encarnado com deficiência. Fixo minha mente para recordar, sinto a sensação de que estava preso num saco de carne mole e disforme. Parecia que, ao estar encarnado, estava restrito a uma situação desconfortável e sofrida, porém sabia ser melhor que meu estado anterior, o de desencarnado.

Realmente estava restrito, era deficiente físico e mental. Tive paralisia cerebral.

Lembro que cuidaram de mim com ternura imensa, gostava quando falavam comigo, me acariciavam.

Meus pais tentaram de tudo para que eu melhorasse, fisioterapias, especialistas e cuidados especiais.

Vivi três anos e seis meses nesse corpo que agora bendigo, que serviu para que me organizasse do tremendo desajuste em que eu me encontrava.

Não andei, não falei, ouvia e enxergava pouco e era portador de muitas doenças no aparelho digestivo.

Uma pneumonia me fez desencarnar.

Recordo pouco essa minha permanência na carne. É como recordar adulto a primeira infância. O desconforto muito me marcou, como também o imenso amor que meus pais tiveram e têm por mim.

Socorrido ao desencarnar por socorristas, fui levado a um hospital de uma colônia. Estive internado numa ala especializada em crianças e deficientes. Lembro-me que lá sentia a falta da presença física de meus pais. Eles foram levados muitas vezes para me ver. Alegrava-me com essas visitas.

Meus pais, pessoas boas e com alguns conhecimentos espirituais, puderam, enquanto dormiam, ser desligados do corpo físico e vir me ver. Foram encontros emocionantes. Isso é possível acontecer com muitos pais saudosos. Infelizmente poucos recordam esses comovidos encontros.

Recuperei-me. Com o carinho dos tios, trabalhadores do hospital, sarei das minhas deficiências. Retornei à aparência que tinha na encarnação anterior, antes de ter começado com meu vício e danificado meu corpo sadio.

Dessa vez gostei de estar desencarnado e mais ainda do hospital.

Normalmente em todas as colônias há no hospital uma parte onde são abrigados os que foram deficientes mentais quando encarnados, isso para que recebam tratamento especial para se recuperarem. Ressalvo que muitos ao desencarnarem não têm o reflexo da doença ou das doenças e ao serem desligados da matéria morta são perfeitos, nem passam pelos hospitais. Infelizmente não foi o meu caso. Necessitei me recuperar, após um ano e dois meses estava tendo alta e fui para uma ala no Educandário para jovens.

Vou descrever a parte do hospital em que fui abrigado.

Os quartos são grandes, ficam juntos muitos internos. Não é bom ficar sozinho, é deprimente. Gostava de ter companhia, de ficar com os outros. Logo me tornei amigo deles.

As colônias não são todas iguais. Tudo nelas é visando o bem-estar de seus abrigados. Mas em todas há lugares básicos, como nas cidades dos encarnados, que têm escolas, hospitais, praças, ruas etc. Nas colônias também, só que com mais conforto, bem-estruturados, grandes e bonitos. Visitando tempos depois hospitais em outras colônias, vi que todas são aconchegantes, diferenciando-se nas repartições, no tamanho e nos adornos.

"Você, Júlio, não é mais doente. É sadio! Tem de se sentir sadio! Vamos tentar?", dizia para mim Suely, uma das "tias", sorrindo encantadoramente.

A deficiência estava enraizada em mim, necessitei entender muitas coisas para sanar seus reflexos.

Quando comecei a falar, passei a escutar e a enxergar normalmente e logo a andar.

O quarto em que estava, como todos os outros, tem a porta grande, sempre aberta, que dá para um jardim-parque com muitas árvores, flores, brinquedos e animais dóceis e lindos. Nesse jardim há sempre muita claridade e brincadeiras organizadas. Ali há um palco onde há danças, aulas de canto, música e teatro. Do outro lado dos quartos estão as salas de aula. Gostei muito de ficar ali, naquela parte do hospital. Foi meu lar no período em que estive internado. Encantava-me com o jardim-parque e foi me divertindo sadiamente que me recuperei com certa facilidade. As brincadeiras fazem parte da recuperação, não existem medicamentos como para os encarnados. Não senti mais dores nem desconforto.

O interno é transferido dali quando quer ou quando se sente apto. Sentindo-me bem, fui transferido, mudei para a ala jovem do Educandário, como já mencionei, onde estudei e passei a fazer tarefas. Quando meu curso terminou, pedi para trabalhar na ala do hospital para recuperação de desencarnados que na carne foram viciados em tóxicos. Esse meu pedido tinha razão de ser. Fiquei contente por ter sido aceito e passei a trabalhar com toda a dedicação.

Na minha penúltima encarnação tive meu corpo físico perfeito. Que fiz dele? Recordei. Quando estava me recuperando no hospital, as lembranças vieram normalmente. Como "tia" Suely explicou-me, recordar não acontece com todos. Muitos recuperados voltam a reencarnar sem lembrar de nada do passado.

Lembrei-me sozinho, sem forçar o meu passado, e "tia" Suely me ajudou a entendê-lo e não "encucar", pois o passado ficou para trás e só podemos tirar lições para o presente. Principalmente no meu caso, tentar acertar e não repetir os mesmos erros.

Na minha encarnação anterior tive por pais os mesmos espíritos que o foram nesta última.

Eles formavam uma família feliz. Meus pais, casados há anos, viviam harmoniosamente, tinham duas filhas casadas e netos, quando mamãe engravidou. Embora surpresos, achando-se velhos, me receberam como presente de Deus. Foram excelentes pais, me amaram, cuidaram de mim, me educaram, dando ótimos exemplos. Cresci forte, sadio e inteligente.

Espírito inquieto, não dei valor a nada que recebia. Achava meus pais velhos, "caretas" e me envergonhava deles. Era respondão, às vezes bruto com eles. Achava que me enchiam.

Estudava numa universidade e comecei a consumir drogas. Não tinha motivos como desculpas. Não existem motivos para entrar no vício, mas alguns viciados arriscam algum fator para se justificar. Quis sensações novas e achei que nunca ia me tornar dependente delas. Das leves às pesadas, me viciei, porém achava que as largaria quando quisesse. Comecei a gastar mais dinheiro e mentia aos meus pais, dizendo que era para o estudo. Não desconfiavam e me davam, privando-se até de remédios.

Foi então que ocorreu o acidente. Numa viagem de fim de semana, meus pais desencarnaram juntos num acidente de trem.

Senti a falta deles, mais ainda do que eles faziam por mim. Não quis morar com minhas irmãs, fiquei sozinho na nossa casa. Formei-me dois meses depois e arrumei um emprego. Mas passei a me drogar cada vez mais. E agora não escondia e as usava em casa.

– Júlio, por favor, pare com isso! Pense em nossos pais! – diziam minhas irmãs, preocupadas.

– Não sou um viciado! Uso-as porque quero e paro quando quiser – respondia rudemente.

Minhas irmãs, cunhados e até sobrinhos, ao saberem, tentaram me ajudar. Passei a ser violento, não aceitei a intromissão deles.

Não produzia no trabalho e, como faltava muito, fui demitido e passei a consumir cada vez mais tóxicos; me tornei um farrapo humano. Fui vendendo tudo o que era de valor em casa, não comprei mais alimentos, minhas irmãs que os traziam, como também passaram a pagar as despesas da casa e alguns débitos meus. Mesmo assim, não gostava dos meus familiares, não queria vê-los, os evitava e quando vinham em casa os expulsava violentamente. Senti que eles planejavam me internar. Então, achando que a vida estava insuportável, resolvi me suicidar. Tomei uma overdose. Mas não morri, passei mal. Quando melhorei, levantei-me; estava deitado no tapete da sala. A casa estava uma anarquia. Tomei remédios, todos que encontrei, o resto de heroína e uma bebida alcoólica, deitei de novo, certo de que dessa vez ia morrer.

Desencarnei logo, mas era de noite. No outro dia minha irmã veio com a ambulância para me levar e acharam meu corpo morto.

Perturbei-me extremamente. Quando saí do torpor, senti-me preso, no escuro, com cheiro insuportável. Meu corpo estava enterrado e eu ligado a ele. Somos espíritos revestidos do perispírito e encarnados no corpo físico. Quando o corpo carnal morre, o deixamos e este parece somente uma roupa usada. Continuamos a viver espiritualmente revestidos com o corpo perispiritual. Isso é o que normalmente acontece. Mas há os que abusam e imprudentemente, como eu, danificam o corpo físico, a abençoada roupa que nos é dada para nos manifestarmos no campo material. Não fui desligado e fiquei junto ao corpo, sofrendo atrozmente.

Lembrei-me dos meus pais, do amor deles por mim e chorei; chamei por eles:

"Mamãe! Papai! Acudam-me!"

Senti-me tirado dali, parecia que fiquei ali séculos e não meses.

Não consegui me recuperar. Internado num hospital para suicidas, estava perturbado demais. Não tinha desculpa e não quis me perdoar. Que havia feito do meu corpo perfeito? Danifiquei-o com as drogas. Não merecia outro perfeito.

Faço uma ressalva, esta é minha história, que ocorreu comigo. Isso não acontece com todos que foram viciados nem com todos os suicidas. Mas normalmente estes sofrem muito, se os encarnados tivessem consciência disso, não se drogariam nem se suicidariam.

Meus pais preocuparam-se comigo. Amavam-nos muito, a mim e a todos os familiares. Tiveram uma desencarnação violenta num acidente brutal. Foram socorridos pelos seus merecimentos. Sentiram que eu estava mal, então souberam que era viciado. Tentaram me ajudar, porém essa ajuda é restrita ao livre-arbítrio do necessitado. Pediram auxílio mentalmente às outras filhas, elas tentaram, ignoraram as ofensas e tudo fizeram, até se sacrificaram financeiramente, venderam bens para pagar meus débitos e para ter dinheiro para me internar.

Meus pais viram tristemente meu suicídio. Só quando me comovi ao lembrar deles é que puderam desligar-me da matéria podre e me socorrer.

Entenderam que só melhoraria na matéria. Estava tão perturbado, me desorganizei tanto que só me recuperaria no corpo físico. Com o esquecimento, me organizaria, encarnado recuperaria o que por livre vontade desordenei, danifiquei.

Meus pais reencarnaram unidos por um carinho profundo, casaram novamente e me receberam alegremente por filho.

"Como sou grato a eles!", exclamei após recordar tudo.

"Tia" Suely sorriu e olhando-me fixamente elucidou-me:

"Aprende com eles, Júlio, a maior lição que tentaram lhe dar. Amar! E seja grato, muito grato, a gratidão é uma demonstração do amor. Ingrato, pode perder a ligação com os seus benfeitores, ficando mais difícil receber benefícios. Grato, fortifica o laço de carinho que esses dois espíritos nutrem por você."

"Será que um dia poderei retribuir a eles um décimo do que fizeram por mim?", indaguei-a.

"Creio que os dois não necessitam da ajuda que você pode lhes dar. Seus pais são espíritos bondosos que em muitas encarnações têm seguido o caminho do bem e do conhecimento. Para eles só sua gratidão, seu amor, é o suficiente. Mas, Júlio, a vida lhe dará muitas outras oportunidades de fazer o bem, fazendo a outros, faz a si mesmo e consequentemente àqueles que nos amam, que querem nosso progresso."

"Sou muito inferior a eles para ajudá-los..."

"Não faça comparações!", continuou Suely a elucidar-me. "Todas me parecem injustas. Pense neles como alguém que ama e que quer vê-lo bem. Quando você, socorrido, necessitou encarnar, eles se ofereceram para serem seus pais novamente. Não precisariam eles passar pelo que passaram, ter um filho doente e sofrer com a sua desencarnação precoce. Mas o amaram tanto que não quiseram você num lar estranho. Preferiram passar tudo, mas com você junto deles."

Abaixei a cabeça, senti muito ter sido ingrato. Almejei seguir seus exemplos. Suely, lendo meus pensamentos, concluiu:

"Isso, Júlio, faça do exemplo deles a meta da sua vida. E não pense que esse período em que você esteve com eles lhes foi tão sacrificial. Aqueles que amam não veem sacrifícios.

Tiveram que modificar um pouco a vida deles quando você nasceu. Seus pais eram professores universitários e programaram horários diferentes de trabalho para que sempre um deles pudesse estar com você. Fizeram de tudo para melhorar seu estado e lhe dar conforto. São adeptos do Budismo, conhecem a reencarnação. Viram em você um espírito reencarnante necessitado de carinho e amor. Aproveitaram esse período difícil por que passaram, aprenderam muito, tornaram-se mais religiosos e estudiosos espirituais. Não tiveram sofrimentos-débito, mas crédito diante das Leis Divinas. Quando você desencarnou recentemente, tudo fizeram para ajudá-lo. Hoje, estão tranquilos em relação a você, sabem que está bem e, se quiser fazer algo por eles, seja o que eles lhe desejam."

"Eles desejam que eu seja feliz!", exclamei.

"Simples?", indagou Suely, sorrindo.

"Não posso ter dó de mim nem remorso, isso gera inquietude e insatisfação. Quero ser útil, aprender e fazer o que eles querem, o que desejam para mim."

Suely apertou minha mão e retirou-se, fiquei sozinho e fiz um propósito de melhorar, de ser como eles, e tenho conseguido. O amor deles me sustenta!

Explicações de Antônio Carlos

Ao organizar este livro, fiz alguns estudos e pesquisas. Quantas vezes se erra junto a outras pessoas, e é dada a oportunidade de resgatar, reparar unidos. Ter um filho deficiente mental pode parecer sofrimento a muitas pessoas. Creio que é trabalhoso. Mas para muitos pais não é uma coisa nem outra. É estar perto daquele que amam. Encontrei muitos que agiram, agem como os pais de Júlio. Que amam tanto o espírito que necessita desse aprendizado que reencarnam para ajudá-lo, fortalecendo os laços desse afeto verdadeiro.

O personagem deste capítulo teve uma paralisia. É o nome que se dá a uma sequela de doença neurológica. Pode ser paralisia total ou parcial, com ou sem outros distúrbios de fala, audição, visão etc. A causa pode ser trauma de parto, congênito ou genético.

Júlio aprendeu a ser grato e, quando cultivamos a gratidão, nada nos parece injusto, e as ingratidões não nos atingem, porque tudo o que fazemos é por amor e sem esperar recompensas. Devemos lembrar só o que de bom recebemos e esquecer todo o mal. Os pais de Júlio não só devem ser exemplo a ele, mas a todos nós.

Já tempos atrás, quando Júlio em sua encarnação anterior desencarnou pelas drogas, elas não eram tão influentes como hoje. Tenho visto muitos imprudentes se viciarem, comprometendo-se muito espiritualmente. Os tóxicos existem, e ai de quem deles abusar.

Vimos na história real de Júlio uma infeliz reação das muitas que podem acontecer aos que abusam do corpo perfeito, danificando-o com tóxicos, envenenando até seu perispírito, gerando muito sofrimento.

Lucy

PARA MIM, ATÉ UMA certa idade, achava tudo normal, sentia como os outros, era feliz e o centro das atenções e cuidados.

Meus genitores, pessoas bondosas e simples, foram excelentes pais e educadores de nós quatro. Éramos em três meninos, e eu, a única garota. Não parava quieta, fazia artes, mexia em tudo. Era repreendida, mas de modo carinhoso.

– Não mexa aí, Lucy! Você pode se machucar!

Tinha medo de me machucar, por isso não mexia em nada perigoso. Que me lembre, me machuquei poucas vezes, ao cair por andar sem muita coordenação motora, mas nada sério, só umas raladas.

Era medrosa, tinha medo de dormir sozinha, por isso sempre dormi no quarto de meus pais. Meus irmãos costumavam trancar seus quartos para que eu não entrasse e bagunçasse seus brinquedos e cadernos. Adorava rabiscar cadernos.

Às vezes fazia birra, gritava e esperneava, queria algo e, se não me dessem, chorava fazendo um escândalo. Nunca levei uma palmada, mas também não me davam o objeto desejado, a causa da birra. Aprendi a me controlar, entendi que não adiantava chorar. Isso foi importante para mim. Eduquei o gênio caprichoso de outrora.

Era uma deficiente mental. Minha mãe, na minha gestação, teve rubéola. Meus pais, espíritas já naquela época, não quiseram nem falar em aborto.

Para descrever a história de minha vida, conversei muito com papai e mamãe. De posse de mais detalhes, narro-a com mais entendimento.

– Sinto, Lourdes – disse papai Antônio a minha mãe –, que essa criança, esse espírito, necessita de nós, de reencarnar, não devemos privá-la dessa oportunidade. Se nascer perfeita, melhor, mas se não, será amada do mesmo modo. Se esse espírito necessita de um aprendizado num corpo deficiente, não terá sido à toa.

E tudo fizeram para que a gravidez fosse calma. Nasci. Era deficiente.

E desde pequena fui cercada de carinho e atenção. Andei e falei depois dos quatro anos, graças aos exercícios que papai fazia comigo. Ele era militar, gostava de esporte, recebera de amigos do exército um livro ou folheto de exercícios para desenvolvimento de pessoas deficientes físicas, e esses exercícios me fizeram desenvolver. Tinha papai muita paciência, e todos os dias trabalhava comigo. Para não me cansar, os fazia cantando e brincando.

Pela profissão do meu pai, mudávamos muito de cidade. Embora fossem pessoas boas, educadas, sofriam o preconceito por serem espíritas e por terem uma filha deficiente mental. Isso cinquenta anos atrás. Tenho observado que atualmente ainda existem muitos preconceitos em relação à deficiência. Embora tenham diminuído e as pessoas tenham se esclarecido, ainda há. Não deveria haver, espero que com o amadurecimento moral da humanidade o preconceito desapareça.

Não me importava de mudar de cidade, gostava da casa nova. Ainda não havia notado diferença nenhuma entre mim e os outros, até mudarmos para uma cidade bonita que no inverno fazia muito frio. Gostamos da cidade, da casa e logo fizemos amigos. Eu era a Lucy, a filha querida, a irmãzinha dos garotos fortes, bonitos e levados. Era a princesinha. Era amada.

Tinha então dezesseis anos, mas sentia, era como se tivesse cinco.

Havia na vizinhança muitas crianças. Gostava de vê-las brincando na rua. Às vezes ia para perto delas, até que me deixavam brincar. Mas às vezes atrapalhava porque queria ser o centro das atenções, agia com elas como estava acostumada a fazer em casa. Para continuar brincando com a garotada, tive de aprender a repartir e esperar minha vez. Foi um ótimo aprendizado.

Não gostava de brincar de correr, não conseguia, tinha medo de cair. Quando elas corriam, ficava só olhando.

Tornei-me amiga, muito mesmo, de Joana, ela morava próximo a nossa casa. Ia muito em casa e brincávamos de boneca, de casinha. Mamãe agradava todas as crianças e tratava-as bem quando iam em casa. Joana tinha paciência comigo, deveria ter uns oito anos.

– É assim, Lucy – dizia ela –, pega sua filhinha assim e a faça dormir.

Até que um dia fui chamá-la para brincar, e ela me falou:

– Não vou mais brincar com você! É muito boba! Mamãe tem medo que eu fique igual a você. É retardada! Vá embora!

Voltei para casa. Então chorei sentida por não poder mais brincar com ela. Mamãe logo veio ver o que acontecia:

– Que foi, Lucy, caiu? Tem dor?

– Joana não quer mais brincar comigo. Ela não quer ficar boba como eu! Que é boba, mamãe? Sou uma?

Falava errado, mas todos entendiam.

– Claro que você não é boba! – falou mamãe. – Você é linda e perfeita! Venha comer o bolo de chocolate.

– Mas não era para depois do almoço?

– Vou dar um pedaço agora para você!

Entreti-me comendo bolo e mamãe chorou sentida. Muitas vezes ela chorou, meus pais sofreram por eu ser discriminada.

Papai era querido e benquisto pelo seu trabalho honesto e dedicado. À noite foi falar com os pais de Joana:

– Senhor Antônio, nos desculpe – disse a mãe de Joana. – Houve um mal-entendido. Joana está brincando muito e atrasada na escola, ela só poderá brincar agora, no período de aulas, por pouco tempo. Tem de estudar!

Joana passou a brincar pouco comigo. Senti. Então passei a notar que era diferente dela e das outras meninas. Elas eram mais bonitas, corriam e falavam corretamente. Passei a ter algumas crises de tristeza. Queria ser como elas. Mas não as tive por muito tempo, me entristecia por minutos, distraía-me com facilidade.

Ia ao centro espírita uma vez por semana com meus pais para tomar passes. Gostava, para mim era um passeio, sentava e ouvia a leitura do Evangelho ou as palestras. Não entendia, mas sentia bons fluidos, que me acalmavam. Às vezes conversava ou ria, e era só me chamarem a atenção que voltava a ficar quietinha. Foram amigos espirituais que muito me ajudaram e confortaram.

Papai me falou recentemente, quando já estávamos todos desencarnados, que logo que nasci era perseguida por entidades que não me perdoavam, e que por meio de reuniões espíritas esses espíritos foram doutrinados e encaminhados. Fiquei contente ao saber desse fato. Isso os ajudou e a mim também.

Joana vinha em casa menos vezes, brincava um pouco e ia embora, porém arrumei outras amigas. Mas sabia que era diferente.

– Você é uma menina especial – dizia papai. – Amamos você!

Preferi pensar assim. Voltei a ser alegre.

Doenças? Tive poucas, nada de importante. Alimentava-me bem, sempre gostei de passear e ver pessoas. Ria muito, como também chorava com facilidade.

Meus irmãos ficaram adultos e se casaram. Gostei das minhas cunhadas, eram boas e me agradavam. Gostava muito de uma, a que casou com meu irmão Toninho, o mais velho, que eu chamava de Linho. Ela era espírita e me tratava como uma irmãzinha.

Os três casaram e moravam em cidades diferentes. Papai aposentou-se e mudamos para uma cidade maior, onde Linho morava com a família.

Nessa cidade, papai escolheu uma casa perto de uma escola especializada, e fui estudar.

No primeiro dia, me espantei e comentei em casa:

– Mamãe, lá só têm bobos!

Percebi a diferença. Lá havia pessoas piores do que eu, havia os que não andavam, e eu sim, falava, e muitos não. Isso me motivou a ser melhor, a me esforçar e até querer ajudá-los. Gostei da escola, me sentia feliz em frequentá-la. E até aprendi a ler! Gostava muito de tocar na bandinha, de cantar, desenhar e fazer pequenos trabalhos. Tarefas simples que para mim eram o máximo.

Linho ficou desempregado. Mudaram para outra cidade por ter sido admitido em outra firma. Mas também não deu certo e ele ficou novamente desempregado. Ele ficou doente, teve câncer e desencarnou após muito sofrimento. Minha cunhada sofreu muito, viúva com três filhos e sem aposentadoria. Ainda bem que ela morava perto dos pais dela. Papai a ajudou como podia. Batalhadora, arrumou um emprego e conseguiu criar os filhos.

Com tantos problemas afastou-se de nós, como meus outros irmãos, que tinham seus problemas e filhos. Vinham nos visitar raramente.

Meus pais já estavam velhos, eu tinha quarenta anos. Preocupavam-se demais comigo. Temiam desencarnar e me deixar sozinha.

Papai ajudava muito minha escola, participou ativamente de sua reforma, fizeram um abrigo para deficientes mentais abandonados. Ele então construiu nela um apartamento que seria destinado a mim. Ficaria lá quando eles desencarnassem. Ele fez tudo pensando no meu conforto e organizou toda a documentação. Ia deixar a casa em que morávamos, o único bem que possuíamos, para os netos e sua aposentadoria para mim, para minha escola receber e cuidar de mim.

Tínhamos amizade com todos os vizinhos, mas havia um casal quase da idade dos meus pais que se tornou nosso grande amigo. Gostavam de mim como filha. Até se ofereceram para ficar comigo quando meus pais morressem.

– Vocês são tão velhos como nós – disse mamãe rindo.

– Está bem – dizia a vizinha –, somos também velhos, mas, se morrerem primeiro, iremos visitar Lucy todos os dias.

Explicaram-me o que era a morte do corpo:

– Todos nós, Lucy – dizia sempre papai –, iremos desencarnar. Isso é simples e não devemos complicar.

Entendi. Eles iriam desencarnar, e eu iria morar por algum tempo na escola junto com outras pessoas.

– Está bem – respondia –, vou e fico boazinha!

Para mim não tinha problema, compreendi que tudo o que eles, meus pais, faziam, era para meu bem. Amava-os e era, sou amada.

Um dia tive uma agradável visita e fui logo contar à mamãe:

– Mamãe, vi o Linho! Ele está muito bonito, estava vestido com aquela jaqueta azul que eu achava linda. Ele riu para mim.

– Que bom, filhinha – disse mamãe. – Linho veio nos ver.

– Ele me disse algo.

– Que foi que ele lhe falou? – indagou mamãe, curiosa.

– Que estão muito preocupados comigo. Não deveriam. Não irá ser como pensam. E disse mais, que logo irá me levar para ver lugares bem bonitos.

Mamãe encabulou-se, e papai, ao saber, disse tranquilo:

– Acho, minha Lourdes, que estamos realmente muito preocupados com Lucy e esquecemos que muitos amigos espirituais devem estar nos ajudando. Toninho também deve estar nos assistindo.

Continuamos indo ao centro espírita, sempre fomos. Papai e mamãe, embora velhos, eram ativos nos trabalhos, ajudavam muito, tanto no centro espírita como na minha escola.

Numa manhã de inverno, como estava demorando a levantar, mamãe veio me chamar e me encontrou morta. Desencarnei na madrugada. Acordei com uma forte dor no peito, e Linho ao meu lado.

"Lucy, minha irmãzinha querida, vim como prometi levá-la para conhecer onde moro. Calma, a dor passará logo. Calma!"

Segurou minha mão, confiei, a dor passou e voltei a dormir.

Desencarnei por um infarto. Tinha quarenta e um anos e alguns meses. Linho pôde estar junto a mim nessa hora e ajudar os socorristas, amigos nossos do centro espírita que frequentávamos, a me desligar. Quando senti adormecer novamente, meu corpo já havia morrido e me levaram, logo após o desligamento, para a colônia.

Papai chamou um médico amigo nosso e espírita também, e ele constatou minha desencarnação.

– Senhor Antônio, Lucy partiu para o plano espiritual!

Papai e mamãe se abraçaram, mas não choraram.

– Deus foi bom conosco, Antônio – disse mamãe –, levou-a primeiro.

– Bem que Toninho disse a ela que estávamos preocupados demais. Ele esteve junto dela e estará. Com ele nossa menina não estranhará a sua nova morada.

Acordei e vi Linho ao meu lado. Fiquei contente:

"Que faz aqui Linho? Vejo-o diferente."

"Lucy querida, você sabe que meu corpo morreu faz tempo, não sabe?"

"Sei, e que foi morar num lugar bonito no plano espiritual."

"Menina sabida! Foi isso mesmo e você veio morar comigo."

"Desencarnei? Mas não era papai e mamãe que o fariam primeiro?"

"Bem, mudamos os planos. Você veio primeiro para esperá-los. Quero que se sinta bem aqui. Ficarei com você!"

Abraçou-me e beijou-me. Senti-me bem, protegida e feliz.

Ele pôde, com permissão, cuidar de mim. Ficar comigo até adaptar-me. Ele morava numa casa bonita com meus avós paternos, e fui abrigada lá, onde me estabeleci. Aquela casa tornou-se meu lar. Tratada novamente com muito carinho, me senti sadia, comecei logo, uns dias depois do meu desencarne, a fazer um tratamento que me livrou dos reflexos das minhas deficiências.

Meses depois, creio que três, estava me sentindo perfeitamente normal. Estudei e passei a fazer pequenas tarefas.

Mamãe, um ano depois que desencarnei, teve um infarto e desencarnou. Pudemos, Linho e eu, orientá-la nos primeiros tempos. Ela se preocupava com papai, agora sozinho. Mas ele esperou com calma sua vez e oito meses depois de mamãe desencarnou. Ele estava se sentindo doente, e a vizinha, nossa grande amiga, o internou no hospital. Meus irmãos vieram vê-lo. Dias depois de internado desencarnou tranquilo e veio encontrar-se conosco imediatamente.

Passamos a morar todos juntos, meus avós, pais, Linho e eu. Estamos bem e felizes.

"Bendito o Espiritismo", disse meu pai. "Ele nos deu uma compreensão sobre a vida e sobre a morte."

"Eu que o diga", falei alegre, "por ele os senhores não me abortaram, me ajudaram a me reconciliar com meus inimigos e, com a compreensão da desencarnação, não sofremos com a separação momentânea e tudo nos foi facilitado."

"Mas", disse Linho, "não basta ter religião externamente, só de falar, sem senti-la interiormente e sem seguir os ensinos de Jesus. O Espiritismo nos dá muita compreensão, mas dobra nossa responsabilidade. Fomos todos socorridos pelas nossas obras, por merecer!"

Isso aconteceu há alguns anos. Hoje faço planos de reencarnar e encarnada trabalhar na recuperação de deficientes físicos e mentais.

Mas o que fiz no passado para desorganizar-me assim e perder a oportunidade de ter um corpo perfeito?

Procurei saber. Não recordei. Meus pais me contaram, porque eles recordaram. Soube só o necessário, e foi o bastante.

Na minha encarnação anterior à passada, era uma jovem bonita, mas pobre e muito ambiciosa, planejei casar com alguém que pudesse me dar luxo e riqueza. E a oportunidade apareceu. Um fazendeiro rico da cidade ficou viúvo e tudo fiz para conquistá-lo. Esse fazendeiro era o espírito que nesta foi meu pai, Antônio, e sua primeira esposa veio a ser Lourdes, a minha mãe nesta última, como Lucy.

Acabei, depois de muito insistir, casando com ele. Tentei conquistá-lo, mas ele nunca me amou, mas sim a sua primeira esposa. Má, cínica, infernizei a vida dos meus enteados e de todos os moradores e servidores da casa-grande. Caprichosa, quando queria algo tinha de ser atendida com rapidez e perfeição. Castigava sem piedade as escravas que me serviam. Tive três filhos, que deixei com as amas e as impedia de verem seus filhos. Meu esposo ficou doente e passei a cuidar da fazenda, para a infelicidade de todos os escravos. Foi um horror! Judiei dos escravos e tornei-me odiada. Meu esposo morreu, e um filho dele, de seu primeiro casamento, veio para cuidar da fazenda. Não gostei que me tirasse a autoridade e planejei matá-lo. Mas meus planos fracassaram, ele soube de tudo, me tirou todo o poder, me expulsou da casa-grande. Passei a morar em outra casa menor ao lado dessa. Não podia mais dar ordens nem castigar os escravos. Desencarnei velha, doente e sozinha. Fiz muitos inimigos que me perseguiram por anos. Meu esposo arrependeu-se de ter casado comigo e ter permitido que fizesse maldades, e por ter atendido aos meus caprichos.

Quando fui socorrida, estava perturbadíssima, queria esquecer e não ver mais meus inimigos. Os orientadores planejaram reencarnar-me. Meu ex-esposo e sua primeira mulher estavam reencarnados e casados. Foram consultados, quando desligados pelo sono, quanto à possibilidade de me aceitar por filha. Souberam que seria deficiente. Aceitaram e prometeram me ajudar a me recuperar e a me educar.

Fizeram com êxito. Sou muito grata a eles.

Hoje, ciente dos meus erros do passado, me sinto feliz por ter me reconciliado com todos que prejudiquei e ofendi, e por saber que terei outras oportunidades de fazer o bem, de construir e progredir.

Explicações de Antônio Carlos

Rubéola, no primeiro trimestre de gravidez, pode provocar surdez e catarata congênita.

Ao ajudar a recuperar alguém, estamos muitas vezes fazendo a um ente querido ou tendo oportunidade de nos reconciliar com um desafeto do passado. Lourdes, quando desencarnou como a primeira esposa, viu com tristeza a segunda esposa do seu marido judiar de seus filhos e os seus planos para matar um deles. Teve-a por tempo como inimiga, a quem odiou. Do ódio à mágoa e, reencarnada como mãe dela, ao amor filial. Antônio, o pai, como esposo permitiu suas maldades por comodismo e cansaço. Errou, tinha de impor sua autoridade para contê-la. Teve muita mágoa dela quando desencarnou. Mas Antônio e Lourdes queriam-se bem, resolveram esquecer, perdoar e aproveitar nova oportunidade e reencarnar. Uniram-se novamente e afetos queridos vieram a ser seus filhos. Mas Lucy necessitava reencarnar, aceitaram-na, não só se reconciliaram como a ajudaram, e muito.

Religião não é o fim, mas o meio que nos ajuda a compreender o que somos, de onde viemos e para onde vamos. E o Espiritismo lhes deu essa compreensão, facilitando tanto o entendimento da vida encarnada como a desencarnação e a mudança que tiveram com ela.

Foi um prazer conhecer sr. Antônio e dona Lourdes, que em conversa agradável me contaram que, quando Lucy nasceu, um médico, ao examiná-la, lhes deu o diagnóstico de que provavelmente ela seria quase como um vegetal e que morreria certamente na adolescência. Aceitaram-na com carinho por filha e fizeram de tudo para reabilitá-la, e ela passou a adolescência, foi o conforto e a companhia na velhice deles e desencarnou após muitos, muitos anos do previsto. E isso tem acontecido, felizmente, com muitos deficientes que, bem cuidados e amados, têm se reabilitado, e muitos, como Lucy, aprendem a ler, a trabalhar e até vivem bem sozinhos.

Senhor Antônio e dona Lourdes trabalham com dedicação no hospital de uma grande colônia no plano espiritual com desencarnados que ainda sentem os reflexos das deficiências que tiveram no corpo físico.

Maria Cecília

QUANTO MAIS PENSO, pois tenho pensado muito desde que o dr. Antônio Carlos me convidou para escrever minha história, o relato de minha vida ou delas, concluo que a deficiência mental e motora, Síndrome de Down, que tive nesta encarnação, causou uma existência com problemas, dificuldades, mas também com alegria e muito amor. Foi um grande aprendizado e sou muito grata por ter tido essa oportunidade, embora saiba que poderia ter reparado e aprendido pelo trabalho edificante. Mas trabalho muitas vezes recusado força a dor a ensinar.

– Como você está bonita, Maria Cecília!

Escutava sempre um dos familiares dizer isso, gostava de ouvir, ria alegre. Como também me sentia bem, segura com os beijos e abraços.

Vivi quatorze anos e oito meses num corpo deficiente, não percebi que era diferente. Fui o centro das atenções, era a Cecília, a garotinha especial, a menininha que frequentava escola especializada, era servida, ajudada; não consegui entender que outras pessoas eram diferentes de mim.

Claro que agora, anos depois de desencarnada, recuperada, tenho algumas lembranças desse período.

Tudo que consegui fazer, aprender quando encarnada foi com muito esforço e paciência dos que me ensinaram. Falei com dificuldade, de modo incorreto e frases curtas, mas era compreendida. Houve algo que falei quase com perfeição, foram palavras que vovó Delaide (Adelaide) me ensinou e que, por todos acharem bonito, repetia sempre:

– Jesus, Maria, José...

Meu nome nunca disse certo.

– Ceila...

E os amiguinhos da escola me chamavam assim. Mas mamãe sempre fez questão de me chamar corretamente:

– Maria Cecília! – E às vezes completava, carinhosamente: – Minha boneca...

E me vestia como uma. Estava sempre muito bem vestida, perfumada e penteada, embora me arrastasse pelo chão e me sujasse para me alimentar.

Cresci, aprendi a andar e a me comportar melhor.

Tinha dois irmãos mais velhos. Creio que tumultuei a vida deles. Meus pais descuidaram dos dois por se ocuparem muito comigo. Podia fazer tudo, eles não. Estragava objetos deles, choravam e reclamavam. Papai ficava furioso, bravo, ninguém podia fazer nada comigo.

– Coitadinha da Cecília – dizia ele –, vocês são perfeitos e sadios, ela não!

Creio agora que poderia ter sido um pouco diferente, teria sido melhor se tivessem me repreendido. Também deveria ter tido limites. O meio-termo seria o ideal. Os outros dois tinham necessidades, também queriam atenção.

Meus pais estavam bem financeiramente. Mamãe só cuidava de mim. Levava-me a todos os lugares possíveis para que melhorasse. Tive todo tratamento e realmente reagi, aprendi muitas coisas.

Meus pais tornaram-se espíritas. Levavam-me ao centro espírita para tomar passes. Gostava muito, sentia-me bem ali. Era receptiva, recebia bons fluidos que muito me beneficiaram.

Estava com treze anos quando comecei a me queixar de cansaço e, como estava muito desanimada, meus pais me levaram ao médico e, após muitos exames, eles carinhosamente tentaram me explicar que estava doente e que necessitava tomar remédios para sarar logo. Mas fui só piorando e me sentia muito mal. As atenções redobraram. Até meus irmãos, agora mocinhos, tiveram mais paciência comigo. Os dois me amavam, na infância tinham ciúmes de mim e às vezes até quiseram ser como eu, para ser alvo de mais atenção.

Foi um período difícil. Muitas injeções, remédios e internações. Não gostava de ir para o hospital, lá recebia soro, sangue, achava ruim, sofria. Percebi que se chorasse mamãe e papai o faziam também, e não gostava e não queria vê-los chorando. Surpreendi a todos, fiquei quieta, resignada e só chorava baixinho com as injeções doídas.

– Surpresa! Vim visitar você, Cecília! – disse uma senhora ao entrar no meu quarto.

Alegrei-me, gostava muito dela, era uma passista do centro espírita que frequentávamos. Senti-me bem, gostei da visita e pedi a ela para voltar. Assim passou a ir muitas vezes me ver, conversar comigo e me dar passes. Essas visitas me confortavam e muito me ajudaram.

Sofri muito, o câncer, a leucemia, foi me definhando. Estava no hospital e aquele dia me senti melhor.

– Cecília teve uma boa melhora. Vão descansar, vão para casa e tentem dormir um pouco – disse o médico aos meus pais.

Eles concordaram, me beijaram e saíram. Uma enfermeira sentou-se ao lado da minha cama, sorriu para mim, ensaiei um sorriso. Ela pegou um livro e pôs-se a ler. Estava com sono e dormi.

Desencarnei tranquila. Acordei dias depois num quarto diferente.

"Bom dia, Maria Cecília! Não me reconhece? Sou sua avó Delaide! Agora irei cuidar de você. Não irá mais tomar injeções. Não é bom?"

Ri feliz. Vovó Adelaide desencarnou quando eu estava com oito anos. Ela cuidou muito de mim. Ficou doente e desencarnou. Senti sua falta por uns tempos, depois esqueci. Agora, ao vê-la, senti que a amava muito. Alegrei-me ao vê-la junto a mim. Estava me sentindo bem melhor e sem dores.

"Você irá sarar logo!", disse vovó, e eu acreditei.

Foi um período difícil porque queria meus pais, minha casa e meus irmãos. Queria de qualquer maneira! Ainda mais que fui me sentindo cada dia melhor, sadia.

Tratada com carinho e muita paciência, só quando fui me livrando dos reflexos da deficiência mental que pude compreender que meu corpo morreu e que vivia em outro lugar. Chorei muito nesse período. Queria estar encarnada, na minha casa, com meus pais e irmãos.

Dos reflexos da leucemia sarei logo, isso me deixou sem dores; da deficiência mental fui me recuperando aos poucos. Vovó Adelaide fez de tudo para me ajudar. Fiz tratamento no hospital da colônia, onde estão internados os que foram encarnados deficientes mentais, por quase dois anos para me livrar de todos os reflexos e me recuperar.

Meus pais, espíritas, muito me ajudaram. Conversava muito com vovó e ela me orientou para que entendesse o que ocorreu e acontecia comigo.

"Por que meus pais se tornaram espíritas, vovó?", indaguei curiosa. "Como a senhora já me disse, eles tinham outra religião e se tornaram espíritas por minha causa. Fale sobre isso."

"Não foi fácil para seus pais ter uma filha deficiente. São pessoas da sociedade, conhecidas e com grande círculo de amizades, tinham dois filhos perfeitos e bonitos, esperavam uma menina e veio você, com Síndrome de Down."

"Devo ter sido uma decepção para eles."

"No começo, talvez, mas a aceitaram e a amaram. Sempre, nessas ocasiões, escutaram de tudo, ficaram chocados diante de alguns comentários, mas tiveram também conselhos bons e equilibrados. Ainda bem que, sensatos, ouviram os bons. Mas palpites inconsequentes os machucaram no começo. Foram disparates assim: 'Crianças que nascem como a de vocês, foi porque os pais pecaram'. Sua mãe chorou muito ao ouvir isso e indagou ao seu pai:

"'Será que erramos? Você pecou tão gravemente assim? Eu não fiz nada de errado!'

"'Nem eu!', disse seu pai. 'Se alguém pecou foi você!'

"Depois de algumas ofensas, entenderam que não deveriam brigar. Consultaram o dirigente da religião que seguiam na esperança de explicações.

"'De fato, pode ter sido pelos erros dos pais!', disse o dirigente, encabulado.

"'É justo o inocente pagar pelo pecador? Depois, o senhor nos conhece desde pequenos. Que fizemos de tão grave?', perguntou sua mãe.

"'Bem', disse o dirigente, indeciso, 'é que ela, Maria Cecília, quando morrer irá para o céu...'

"'Deus é injusto!', disse seu pai. 'Sinto em dizer que Deus é injusto se isso for verdade. Faz à revelia um filho Dele retardado e depois o manda para o céu. Porque ele, deficiente mental, não faz o mal, mas também não tem condições para fazer o bem. Aliás, não faz nada! E Ele me deu inteligência e posso fazer o bem e o mal, se errar me manda para o inferno! Então Deus está sendo injusto comigo! Não aceito essas explicações, como também não aceito o acaso. Se o acaso foi maior que Deus, Este não existe.'

"Inconformados, se afastaram da igreja. Mas seu pai quis achar uma resposta e pôs-se a pesquisar nos numerosos livros que possuía. Comentou com sua mãe alguns meses depois:

"'Acho, querida, que os orientais é que estão certos. A reencarnação deve existir. Se acreditar nisso, volto a crer no Deus justo!'

"'Os espíritas acreditam na reencarnação', disse sua mãe. 'Nossa vizinha é, ela tem me consolado.'

"'Vamos conversar com alguém espírita e pedir a eles opinião sobre os excepcionais.'

"Fizeram isso. E tornaram-se espíritas. A Doutrina Espírita deu a eles informações certas. E eles, inteligentes, aceitaram.

"Temos muitas oportunidades de voltar à Terra em corpos diferentes e que são adequados para o nosso aprendizado necessário. Quando há muito abuso, há o desequilíbrio, e para ter novamente o equilíbrio tem de haver a recuperação. Quando se danifica o corpo perfeito, podemos por aprendizado tê-lo com anormalidades para aprender a dar valor a essa grande oportunidade que é viver por períodos num corpo de carne. O acaso não existe, Deus não nos castiga, somos o que fizemos por merecer, e as dificuldades que temos encarnados são lições preciosas."

Mesmo com o entendimento que tinham sobre a morte do corpo, meus pais sofreram com a minha desencarnação. Sentiram falta da minha presença física, mas aceitaram, se conformaram e logo após reorganizaram suas vidas. Então perceberam o tanto que haviam deixado os outros dois filhos carentes. Arrependeram-se, mas como não podiam voltar o tempo, tentaram consertar. Tiveram de conviver com muitas mágoas dos dois. Mas são uma família feliz. Com paciência e carinho superaram, são unidos.

Meu pai ajuda financeiramente até hoje a escola onde estudei, me orgulho disso, normalmente essas escolas são carentes de finanças. E mamãe passou a ser voluntária. Isso foi muito bom para ela e ótimo para a escola, pois também em muitas há falta do calor humano. Sempre há muito que fazer e voluntários são sempre bem-vindos.

Como disse, não foi muito fácil minha adaptação no plano espiritual, porque queria voltar para casa. Como vovó me explicou, se isso acontecesse com um adulto sem deficiência mental, ele voltaria pela vontade. Mas com criança ou com deficiente mental isso não costuma acontecer. Eu estava com quatorze anos, mas era criança, me sentia uma. Internos no Educandário não saem sem permissão, só acompanhados. E tudo é feito para que a criança, o deficiente mental, se adapte ao novo lar. Embora uns demorem mais que outros, acabam por amar a nova morada, porque o plano espiritual é lindo e aqui somos amados.

Foi minha insistência em voltar para casa que retardou um pouco minha recuperação. Mas acabei por me adaptar e tornei-me sadia e feliz.

Hoje trabalho no hospital que abriga suicidas, também estudo e quero, logo após meus estudos, trabalhar com uma equipe que tenta auxiliar encarnados a não cometer esse ato infame que é o suicídio. É um trabalho difícil, sei disso, todos têm o livre-arbítrio a ser respeitado. São muitas as equipes espalhadas pela Terra, que têm conseguido muitos bons resultados. Anseio por ir encontrar com eles. Após meu estudo, estarei apta a trabalhar com a equipe. Tudo o que se faz com conhecimento se faz melhor.

Você já deve estar querendo saber o porquê de eu ter necessitado do aprendizado num corpo deficiente mental, e o porquê de ter escolhido trabalhar com suicidas.

Bem, há muitas encarnações tenho procurado estudar, agindo assim desenvolvi minha inteligência, mas também deixei o orgulho e a vaidade ficarem fortes em mim. Neguei-me tremendamente a fazer o bem a quem quer que fosse. Detestava pessoas sem instrução e achava inferiores as que tinham dificuldades para resolver seus problemas, ou seja, as menos inteligentes. Na minha penúltima encarnação, estudiosa, com muitos conhecimentos, vivia a avidez de meu saber, quando descobri que estava com câncer. Ateia, resolvi morrer antes da doença me matar. Planejei com calma o melhor modo de morrer. Suicidei-me com uma dose forte de veneno. Que engano cruel! Continuei viva e junto ao corpo em decomposição, depois fui levada ao Vale dos Suicidas. Sofri horrores. Sofreria bem menos, mas muito menos mesmo, com o câncer.

Por nada se deve matar o corpo, mesmo que este seja deficiente ou doente. Tudo passa, mas a dor, o remorso do suicida parece não passar. Sofri muito e por muito tempo, até que fui socorrida, entendi então que perdi muitas oportunidades com minha tola ilusão de querer ser inteligente. Pedi e me foi dada uma outra oportunidade de aprendizado.

Recuperei-me num corpo deficiente, reorganizei o que destruí com meu orgulho, suicídio e remorso.

Meus pais, pessoas orgulhosas, necessitavam de um "chacoalhão" da vida, de algo que os despertasse para uma outra realidade. Agora, eles são gratos ao aprendizado que tiveram. Não foi fácil para eles, orgulhosos, terem de enfrentar o preconceito. Mas a dificuldade os fez religiosos e passaram a entender o porquê de estarem revestidos de um corpo carnal e, mais ainda, que Deus é justo e bom. Fui para eles a oportunidade de despertar para um entendimento maior. Mas quem aprendeu, quem teve uma grande oportunidade, fui eu. Sou grata! Compreendi que Deus é Pai Amoroso que nos dá sempre novos ensejos. Bendigo a reencarnação!

Explicações de Antônio Carlos

Creio que certamente é um transtorno na vida de um casal que feliz espera a vinda de um filho e depara com uma realidade que, no momento, lhe parece cruel: um filho deficiente! Muitos superam de modo extraordinário, enfrentam, mas não podemos dizer que não houve lutas e sofrimentos. E, se superaram, puderam um dia dizer: "Enfrentei, fiz o melhor que me foi possível". E que bom dizer também: "Aprendi muito e progredi espiritualmente". É como muitos têm aprendido com este "chacoalhão", como disse Cecília.

Ao defrontar com esse problema, muitos pais têm amor ou desprezo pelo pequenino ser. Uns os protegem demais, como fizeram os pais de Maria Cecília, outros os rejeitam, envergonhados.

É normal pais sentirem-se inseguros, tristes ou frustrados. Quando isso ocorre, é necessária a busca de ajuda de profissionais para um entendimento da situação, para vivê-la sem culpa e do melhor modo possível. Ama... O amor bem dirigido é o caminho para os acertos.

Alerto os pais de crianças deficientes e com outras normais para usar o bom senso e entender as necessidades de todos eles. E, dentro de um limite estabelecido, cuidar bem do filhinho deficiente sem descuidar dos outros membros da família. Todos nós devemos ter limites, gostamos de carinho e atenção. Com equilíbrio se pode atender a todos.

Infelizmente, como se têm palpites errados! Preconceitos que machucam tanto! Isso tem contribuído para muitos pais agirem erradamente e esconderem seus filhos deficientes, como que envergonhados por tê-los. Mas os que procuram acham respostas às suas indagações e ajuda necessária para enfrentar esse fato. Não se deve dar atenção a opiniões infelizes daqueles que desconhecem o assunto.

Tenho visto que muitos conseguem superar essas dificuldades, se uns conseguem, todos podem.

E você, caro leitor, se pode contribuir para ajudar pais ou deficientes, faça com carinho. Necessitam eles se recuperar para se tornarem capazes tanto quanto nós, os supostos "normais". Porque deficiência, seja ela física ou mental, não é sinônimo, graças a Deus, de incapacidade.

Tentando enfrentar as dificuldades, as venceremos!

Paulinho

GOSTARIA DE ESCREVER bem bonito, mas não tenho muita instrução nem talento para isso. Estou estudando, mas tenho dificuldades para aprender. Cheguei até a ficar preocupado, então o dr. Antônio Carlos me ajudou. Gostei do resultado e espero que outros gostem também, porque quero, desejo com meu relato, incentivar pessoas que trabalham como voluntárias ou com remuneração em casas e instituições de caridade que cuidam de seres que por algum motivo necessitam de amor, carinho e do auxílio de outras pessoas para sobreviver. E como é importante essa sobrevivência!

Sou Paulinho, só Paulinho, acho que nem tive sobrenome. Mas isso não importa, antes de ser Paulinho tive tantos nomes, alguns até importantes e que não me serviram para nada... ou só para ser denominado numa existência.

Certamente que tenho lembranças desse curto período em que vivi num corpo físico na minha última encarnação, embora sejam poucas. Vivi numa matéria com deficiência por quase dezesseis anos. Ao ser convidado para ditar aos encarnados minha história, fui auxiliado pelo meu professor a ver, isto é, a lembrar o que ocorreu comigo. Então recordei, vi os acontecimentos como num filme, embora certo de que aquele ser era eu. Fiquei triste. Meu professor me alegrou novamente:

"Paulinho, lhe quero alegre, como sempre. Tire lições das dificuldades, aprenda com elas. Não devemos nos entristecer com o aprendizado. Tudo já passou e apiedar-nos de nós mesmos é um péssimo negócio."

Achei que ele estava certo. E tirei proveito das minhas recordações.

Fui parar na instituição logo após ter nascido, dias depois e em estado calamitoso. Todo assado, não me trocaram nem me higienizaram. Estava fraco e doentinho. Logo as tias me deixaram mais sadio, limpo, alimentado e cheiroso. Aquela casa de amor foi o lar que tive.

Era alimentado, higienizado, mas éramos muitos para poucos atendentes. Infelizmente as funcionárias não tinham tempo disponível para dar atenção a todos, só dava mesmo para nos atender com o básico de nossas necessidades. Recordo com alegria das visitas das voluntárias. Como gostava! Para mim eram senhoras agradáveis que conversavam comigo, passavam as mãos me acariciando, tentavam me fazer andar ou falar. Recebia delas demonstrações de carinho, isso fazia, a mim e aos outros, muito, mas muito bem. Elas, sem saber, nos doavam energias benéficas que só os que amam sabem doar.

Nasci doente, deficiente, e como há causas para essas deficiências! Não me interessei em saber o que houve de errado com meu corpo, fui e pronto, e ainda bem, graças a Deus, não sou mais, até que um amigo, colega do Educandário, me indagou:

"Paulinho, o que você tem? Qual foi sua doença? Eu tive Síndrome de Down. Uma doença com nome elegante, não acha? Mas nada mais é que o mongolismo. Mas você não parece que teve a Síndrome."

"Eu não sei..."

Mas fui saber, meu professor me esclareceu. Esse professor era um senhor muito bondoso que ensinava a mim e a outros cinco colegas a ler e escrever, como também nos orientava em tudo, em todas as dúvidas.

Tive cretinismo, uma lesão irreversível no sistema nervoso central. Por isso meu aspecto era estranho, para não dizer que fui bem feio. Mas as tias da instituição não achavam, me viam com amor.

– Paulinho, vamos tentar sentar sozinho?

– Paulinho, menino esperto, sorria para mim...

Gostei delas e sou muito grato a essas pessoas.

Tive pouco progresso. Faltou-me o amor de meus pais, mais cuidados e terapias.

Quando encarnado, gostava de ver a claridade, a luz do sol. Do meu leito via a janela e um pedaço do céu. Como era bom quando era levado ao jardim! Olhava as plantas, as nuvens, achava-as lindas, como também gostava de ver as outras crianças.

Não tive uma encarnação confortável nesse corpo disforme, sofri, tive dores, passei por muito desconforto, estive doente e desencarnei.

Para mim a desencarnação foi como se tivesse mudado para outra instituição, maior e melhor. Só que as dores sumiram como por encanto. E, se me doía algo, os tios pareciam adivinhar, passavam a mão e pronto, a dor sumia.

Nós, os internos do hospital do Educandário, chamávamos de tios os desencarnados que lá trabalhavam com tanta dedicação. Isso é comum, mas não é regra geral.

Gostei do meu novo lar, achei-o muito lindo, mas tive medo de perder, de voltar para a outra instituição, que, embora boa, não era como aquela.

"Calma, Paulinho", disse uma tia, "não tenha medo, não irá mais para a outra casa. Vai ficar aqui para sarar, tente se esforçar para ficar bom, sadio."

Medo... sarar...

Engraçado, comecei a ter preocupações. E naquele dia, parei sentado e sozinho logo que uma das tias me colocou na cadeira. Comecei a pensar, observar pessoas e objetos, então os percebi diferentes de antes.

Estava num quarto grande, todo novo, cheiroso e pintadinho. Tinha figuras de animais na parede, gostei e ficava olhando-as, achei tudo muito lindo. Era levado muito ao jardim. Tudo era agradável e fui me sentindo mais confortável.

"Tome! Pegue e beba!"

"Ora, não consigo!", pensei.

Uma tia colocou à minha frente uma caneca toda desenhada com animais iguais aos da parede. Olhou-me sorrindo:

"Paulinho, por favor, reaja! Você é capaz! Não tem mais a matéria doente. Não é mais doente. Tem que tentar!"

Pegou minha mão, abriu meus dedos e colocou a caneca entre eles.

"Pronto! Tome!"

Segurei a caneca, ajudado pela outra mão, a levei aos lábios e consegui! Bebi meu suco. Emocionei-me.

"Isso!", disse a tia. "Viu como é capaz? Agora me agradeça como um bom menino. Diga: Obrigado, tia Elizabeth."

Não ia conseguir nunca, mas tentei e levei outro susto:

"Brigade!"

"De nada, meu amor!"

E fiquei ali, tentando falar:

"Brigado! Meu mores!"

Logo depois, fui fazer tratamento, eram passes confortadores, terapias, muitos cuidados e atenções.

Meses depois estava andando e falando, então tive medo, muito medo de ter de ir embora dali. Uma das tias conversou comigo:

"Paulinho, não tenha medo, aqui está protegido, é amado e pode acreditar, estamos fazendo o melhor para você."

"Não quero sair daqui! Quero ficar!"

"Pois fique! Você poderá ficar aqui por muito tempo. Mas já está na hora de entender que esteve doente num corpo deficiente e que este, seu corpo carnal, morreu, e agora vive em outro corpo no plano espiritual."

Fui entendendo aos poucos que estava desencarnado e isso me ajudou a superar os reflexos da minha deficiência.

Tempos depois estava sadio, corria pelo Educandário; fui estudar, queria aprender a ler e escrever. Claro que também minha fisionomia mudou, não sou mais feio, embora tenha entendido que a aparência não é tão importante assim. Mas tenho agora o aspecto saudável. Sou muito risonho e feliz.

Planos para o futuro? Não sei ao certo o que desejo fazer no futuro. No momento quero (já pedi para ficar um bom tempo desencarnado) estudar, aprender a trabalhar para reencarnar sentindo-me mais seguro. Meu instrutor, e agora o dr. Antônio Carlos, intercederam por mim, e tive a grata notícia de que meu pedido foi aceito. Ah, graças a Deus! Porém devo aprender a não ter medo de reencarnar, que a vida encarnada não é tão ruim, é aquilo que fizemos por merecer. E que eu, reequilibrado, terei na reencarnação um recomeço com muitas oportunidades.

Não levei a oportunidade da reencarnação a sério. Em vidas passadas, sempre estive ocioso e só trabalhei quando obrigado, mas sempre tentei tirar proveito dos outros e me envolvi em situações que facilitaram materialmente minha vida, não me importei se elas eram erradas ou se prejudicariam alguém.

Na minha penúltima encarnação me envolvi com tóxico, afundei-me mais ainda nos meus vícios e, pior, incentivei outros a fazerem o mesmo. Drogava-me, mas tinha o cuidado de não me exceder, passei a ganhar dinheiro vendendo drogas. Desencarnei numa briga, fui assassinado com uma facada. Revoltei-me por ter perdido meu corpo carnal. Gostava da vida de encarnado. Mas fui socorrido, bem, a palavra não é muito certa, "socorrido", para meu caso. Fui desligado da matéria por espíritos afins a mim; agora posso dizer: trevosos. E com eles fiquei vagando, atormentando e vampirizando.

"Quero voltar à carne", disse eu ao meu chefe. "Quero me drogar no corpo físico! Vampirizar não é a mesma coisa."

"Você está até deformado pelas drogas, seu aspecto não é legal e anda meio perturbado por causa delas. Se continuar assim, não conseguirá mais nos ser útil", disse um dos ajudantes diretos do chefe.

Meu superior riu e me indagou:

"Quer mesmo o infeliz pegar um corpo?"

"Quero!", afirmei.

"Sabemos de um casal, nosso amigo, afins, que poderá lhe receber, certamente ela irá engravidar..."

"Ora, meu caro, pense bem", disse o ajudante do meu chefe. "Este casal se droga e o tóxico danifica muito..."

"Se eles se drogam, melhor", disse, "já nasço familiarizado. Droga não faz mal nada, faz para aqueles que não as tomam e que não sabem o que estão perdendo."

O chefe me ajudou, a mocinha toxicômana engravidou e eu reencarnei.

Meus pais não tinham condições nem de tomar conta deles, quanto mais de mim, todo deficiente. Fui parar na instituição e assim tive condições de sobreviver.

E como foi bom para mim, para meu espírito, esse período. Entendi o quanto a droga é droga mesmo. Tóxico é veneno que não só danifica o corpo físico, como também o perispírito, que sente o reflexo desse veneno.

Mas me desintoxiquei nessa minha última existência no corpo carnal; e como foi doloroso! Reequilibrei-me e tomei consciência do que são, na realidade, os tóxicos, como também não desejo prová-los mais.

Essa deficiência foi muito importante para meu espírito. Preciosa lição! E espero não ter de repeti-la nunca mais.

Tchau... Que Deus nos proteja!

Ah! Não quero esquecer de dizer que agora sou religioso, oro muito e tenho estudado muito o Evangelho. Maravilho-me com tudo isso!

Explicações de Antônio Carlos

Aqui temos a história da vida de Paulinho, o menino deficiente que foi abandonado pelos pais e abrigado numa instituição. Ele teve Hipotireoidismo, que é uma disfunção da glândula tireóide que provoca sérios distúrbios do metabolismo, e seu aspecto era característico dessa doença. Por isso é que se faz hoje o exame do pezinho para detectar essa doença.

Como são importantes as instituições para esses espíritos necessitados de uma oportunidade no corpo físico para se recuperarem! E como tenho visto numerosas dificuldades nessas instituições! Mas elas aí estão, superando seus problemas e ajudando a muitos, porque têm pessoas corajosas o suficiente para fazê-las funcionar a contento.

E como o tóxico danifica! Faz de seus usuários farrapos humanos, levando-os a afundar nos vícios e erros, desequilibrando-os terrivelmente.

Não existe regra geral na espiritualidade. E cada caso é um especial.

Esse espírito, Paulinho, já estava, antes de reencarnar, danificado pelas drogas que recebera quando perfeito. Pelos tóxicos desequilibrou-se. Já não estava perturbado, sendo um membro útil aos desencarnados trevosos que o receberam. O chefe, esse desencarnado que ali julgava mandar, achou melhor se desfazer dele e atender a seu pedido de ajudá-lo a reencarnar. E o fez, sem a orientação dos bons espíritos (embora estes, cientes, permitiram), sem um planejamento e muito desequilibrado, tanto que já havia até deformado sua aparência perispiritual. E o corpo que recebeu de seus pais, também drogados, contribuiu para a deficiência.

Mas essa encarnação foi muito importante para ele, porque Paulinho por um período ficou longe dos tóxicos, dos vícios.

Mas nosso amigo tem medo de reencarnar, porque ele foi privado pelas circunstâncias dos vícios, mas não pela sua livre vontade. Só sentirá que venceu seus vícios se tiver, encarnado, a oportunidade de voltar a eles e recusar. Terá na sua próxima existência carnal um corpo sadio, podendo então ter a escolha de usar ou não os tóxicos. Teme fracassar, quer se sentir forte e seguro.

O seu pedido para ficar mais anos desencarnado foi aceito, mas o tempo passa e ele terá de enfrentar a si mesmo, como todos nós temos de fazê-lo. Espero que vença! Como também esperamos que todos aqueles que lutam contra vícios saiam vitoriosos. Se nos entristecemos ao ver encarnados sob os efeitos dos tóxicos, posso afirmar que é bem mais calamitoso vê-los desencarnado. E todos que se desequilibram terão de se harmonizar com as Leis Divinas. E essa recuperação pode ser dolorosa!

Felizes os que dizem não aos tóxicos, ao vício.

Margarida

NA MINHA ÚLTIMA ENCARNAÇÃO, tive uma existência em que obtive, pelo trabalho edificante, merecimento para ser socorrida. Fui útil a outros e isso me fez voltar ao plano espiritual feliz, sentindo-me como moradora e não como hóspede ou abrigada, como foi em minhas outras existências em que estive na erraticidade[3].

Sinto alegria em poder escrever a outros a minha experiência. Encarnada, usei de toda a dedicação, do meu amor, para cuidar de órfãos abandonados e, entre eles, deficientes mentais acolhidos na casa de caridade, no orfanato que ajudei com meu trabalho a ampliar e cuidar.

Sonhava desde a minha infância cuidar de crianças, mas não queria casar ou ser mãe. Dava muito valor aos meus pais, à casa, à família e sempre pensava nos pobres abandonados e tinha muito dó deles.

3. Erraticidade: período em que o espírito se encontra desencarnado entre uma encarnação e outra. (N.M.)

– Margarida – dizia mamãe –, você deve pensar como suas irmãs, em namorar, casar e ter seu lar. Deus sabe o que faz e Ele deve ter motivos para deixar alguém órfão.

– Não será para que alguém cuide deles? – perguntava.

– Mas esse alguém não será você! Vamos, pense em coisas agradáveis.

– Está bem, mamãe...

Respondia sem convicção e continuava sonhando, e nesse sonho cuidava de muitas crianças.

Na adolescência resolvi ser freira, irmã de caridade. Conhecia desde criança o orfanato da cidade vizinha, cuidado por freiras. Quis ser uma e trabalhar no orfanato. Papai foi contra no começo:

– Margarida, minha filha, já pensou bem? Você é tão novinha para ficar presa num convento...

– É o que quero, papai! Lá poderei cuidar dos órfãos.

Insisti tanto que ele acabou por concordar:

– Sendo assim, levo você lá, mas só poderá receber o hábito após dois anos. Nesse período você pensará melhor. Vou levá-la, mas volte quando quiser.

Papai conversou com a Madre Diretora e acertaram tudo. Tinha dezessete, quase dezoito anos. Entrei no convento, amei a vida religiosa e não regressei para casa como papai esperava, só voltei para visitá-los.

Havia certas regras de que não gostava dentro da congregação, mas isso não chegava a me incomodar, amava muito meu trabalho e só ele me interessava. Logo que entrei para o convento, passei a cuidar dos nenês e o fazia com muito amor e carinho, e as crianças retribuíam, elas também me amavam.

A Madre Superiora ficou contente com minha dedicação. Tornei-me freira e o tempo foi passando. A Madre era uma pessoa muito boa, generosa e inteligente, era uma mãe para todas as freiras e avó para os órfãos. Tornamo-nos grandes amigas, eu a admirava. Administrava com sabedoria o orfanato.

Numa manhã, encontramos à porta do orfanato um nenezinho dentro de um caixote; era um menino, assim que o peguei no colo o amei. Mas notamos que ele era deficiente mental, tinha todas as características da Síndrome de Down.

– Não podemos ficar com essa criança. Não temos condições de lhe dar o atendimento necessário – disse a Madre.

Já não queria separar-me dele e implorei:

– Por favor, Madre Superiora, deixe-o ficar. Cuidarei dele. Hoje é dia de São Francisco. Vamos batizá-lo com o nome de Francisco. O santo nos ajudará. Por favor!

– Está bem – disse a Madre. – Vamos ficar com ele, vamos chamá-lo de Francisco, e você, Irmã Margarida, cuidará dele. Só que ele poderá lhe dar muito mais trabalho. É uma criança doente...

Para mim trabalho não era problema. Fiquei feliz por ele poder ficar. Amei mais ainda Francisco por ele ser deficiente.

Logo a notícia se espalhou e meses depois recebemos mais três crianças deficientes mentais. Vieram de outro orfanato. Nossa Diretora Geral que os mandou. A Madre Superiora me chamou:

– Irmã Margarida, o Orfanato Nossa Senhora nos mandou estas três crianças deficientes mentais, dizem que eles não têm condições de cuidar delas. A Madre Geral me pediu e não tive como recusar, como também não tive coragem, se não as aceito, elas não terão onde ficar. Pensei então em ampliar nosso orfanato, fazer uma ala na parte direita com dormitórios e uma escolinha para elas, porque essas crianças não poderão frequentar a escola normal. Já são crianças grandes de corpo, mas em tenra idade mental. Você cuida de Francisco tão bem, a chamei para perguntar se aceita cuidar destas também.

– Sim, aceito! – afirmei convicta e me tornei a mãe delas.

Passei a trabalhar muito, desde bem cedo até altas horas da noite. Dormia num quartinho ao lado do quarto delas. Amava-as muito. E acabamos, com o tempo, recebendo muitas outras crianças deficientes mentais. Minha vida era a delas. E ainda sobrava um tempinho para cuidar dos nenês que tanto amava.

– Irmã Mada...

Muitas, quase todas, me chamavam assim. Não falavam direito. Sinto agora não ter conseguido recuperá-las mais. Não tivemos condições nem instruções para isso, por esse motivo, me consolo. As que conseguiram falar o faziam de modo muito errado, mas eu as compreendia bem, até as que não falavam.

– Tive medo essa noite, e a senhora ficou aqui comigo segurando a minha mão até que dormi.

Encabulei-me, tinha certeza de que não havia feito isso. Estava tão cansada que dormi como uma pedra.

"Será que levantei dormindo? Será que o fiz e esqueci?", pensei.

– A senhora, essa noite, passou a mão na minha barriga e a dor passou.

– A senhora, de madrugada, espantou os homens maus que queriam me maltratar.

Achei que era demais. Algo acontecia e fui me confessar. Expliquei ao padre que nos atendia e ele me tranquilizou:

– Não se preocupe com isso, Irmã Margarida. Podem ocorrer dois fatores que explicam bem esse acontecimento. As crianças a amam tanto que, ao se sentirem em perigo ou necessitadas, pensam na senhora e esse pensamento para elas se torna realidade, julgam então que a senhora está perto delas. Ou então sua alma, preocupada com as crianças, fica perto delas protegendo-as.

– Isso não é mau? – indaguei preocupada.

– Claro que não! Que faz? Não é o bem? Não se preocupe, esqueça esse assunto, aja com naturalidade quando as crianças falarem sobre isso e evite comentar, nem todos entendem isso. Mas a senhora faz tempo que não descansa.

Não quer viajar, ficar uns dias em local diferente? Vou pedir à Madre Superiora para lhe dar descanso.

Já fazia quase dezesseis anos que trabalhava sem descanso. Só me afastei do orfanato por dois dias quando meu pai desencarnou, estive com minha mãe. Como não respondi, o padre pediu à Madre Superiora para que me fizesse descansar, ela então me mandou passar um mês em outro convento, situado numa cidade do litoral. Fui; nos primeiros três dias me encantei com o lugar, mas depois me inquietei: "Como estará Maria? Deixei-a doentinha! E Mário, estará tendo as crises?" Só fiquei uma semana e voltei. Expliquei à Madre Superiora:

– Por favor, me desculpe, mas acho que descansarei mais aqui, trabalhando.

Ela riu:

– Irmã Margarida, é a primeira vez que ouço que o trabalho é descanso. Está bem, faça como quiser. As crianças sentem sua falta.

Corri para elas, chorei de alegria ao vê-las, alegraram-se tanto com minha volta que prometi a mim mesma nunca mais sair de perto delas, e assim o fiz.

Segui os conselhos do padre, não dei importância nem comentei com ninguém esse fato, de as crianças me verem enquanto dormiam. Mas passei a ter em muitos fatos por elas narrados uma vaga ideia, leve lembrança. Parecia que saía do corpo adormecido, deixando-o repousar e ia para perto delas, conversava e as mimava e voltava para o corpo quase na hora de despertar. Isso me era gratificante.

Agora sei que me desligava do corpo quando dormia e continuava o trabalho que tanto amava.

Francisco adoeceu, estava muito mal, segurava a mão dele quando ele me olhou, tinha um encantamento especial no olhar, ele me disse:

– Vou com a outra mãe! Vou para um lugar bonito!

Desencarnou, entristeci-me com sua partida. Foram muitas despedidas, várias das minhas crianças desencarnaram na adolescência. Graças a Deus, hoje, com cuidados e tratamentos especiais, os deficientes passaram a viver mais e com mais condições de sobreviver, e até sozinhos.

A Madre Superiora também desencarnou. Mas três meses depois a vi. Estava muito bem, sadia e feliz. Sorriu para mim. Fiquei tão feliz com essa visita! Entendi que afetos sinceros não são separados, se ausentam somente.

Vivi muito nessa encarnação. Velhinha, ainda estava cuidando dos meus filhinhos deficientes. Começava a me preocupar, sabia que não iria viver muito e me inquietava, queria deixá-los bem amparados. As irmãs da Congregação diminuíram e estávamos em poucas no orfanato. Foi então que, para minha tranquilidade, um grupo de senhoras veio nos ajudar. Muitas delas tinham estudos e muitos planos. Começaram a modernizar o orfanato, médicos cuidavam dos meus pequenos, que passaram a fazer muitas terapias. Comecei a ver os bons resultados. Tranquilizei-me.

Naquela manhã passei, como sempre, no quarto deles e fiquei a beijá-los, e um deles me disse:

– De novo beijos, que bom!

Sorri. Não me sentia bem naquele dia, estava cansada. Sentei na varanda e me acomodei numa cadeira. Pensei que havia adormecido e que sonhava. Vi-me deitada num leito alto e confortável, estavam comigo muitas pessoas risonhas e alegres. Olhei para a que estava aos pés da cama em que me achava acomodada. Reconheci, era o meu Francisco! Estava diferente, em pé, sadio e bem mais bonito. Sabia que era ele. Francisco segurava com força umas rosas, me olhava emocionado, não conseguia falar de tanta emoção.

"Francisco!", exclamei alto e contente. "Como você está lindo!"

Ele aproximou-se e ajoelhou ao meu lado, beijando minha mão.

"Que sonho maravilhoso!" exclamei. "Que saudades tenho sentido de você! Venha, aproveitemos o sonho, me dê um abraço apertado."

Segurei a mão dele e nos abraçamos. Que prazeroso foi encontrá-lo. Francisco afastou-se e então olhei para as outras pessoas que me rodeavam:

"Papai! Mamãe! Silvana! Leninha! Tody! Madre Superiora!"

Mas, me encabulei, pois todos já haviam morrido. Que acontecia? Ajeitei o lençol que me cobria, não sabia o que fazer. Será que estava sonhando com todos eles juntos? Indaguei com o olhar à minha ex-Madre Superiora. Ela sorriu e disse:

"Bem-vinda, Irmã Margarida! Seja bem-vinda entre nós. Amamos você!"

Continuei sem entender, e Francisco falou de modo correto e agradável:

"É que a senhora morreu. Mas não se assuste: o corpo da senhora, já velho e cansado, é que morreu. Acharam-na morta na cadeira da varanda e já foi o enterro. Todos sentiram muito, mas nós nos alegramos com sua vinda. Está viva entre nós!"

"Já fui julgada? Irei ao encontro de Deus?" perguntei ansiosa.

"Ora, Margarida" disse a Madre Superiora, "estivemos um pouco equivocadas a respeito da morte. Não somos julgados nem vemos Deus. Você teve o corpo morto, continua viva e veio estar entre nós."

Agradaram-me tanto que achei maravilhoso ter desencarnado. Mas não só me agradaram, trataram logo de me explicar tudo sobre a vida de desencarnado.

Achei fantástica a mudança de plano, porque assim que levantei me senti disposta, leve como se fosse uma adolescente. Adeus cansaço, dores no corpo e velhice.

Após um período em que conheci toda a colônia, fui estudar para melhor entender como viver desencarnada, e passei a trabalhar no hospital do Educandário, na ala que atende os que foram encarnados deficientes mentais.

Mas não pude deixar de sentir certo orgulho do meu trabalho realizado. Escutava de muitos companheiros histórias de fracassos e desilusões. Comentaram muito que a vida encarnada fora isso, aquilo, que se perderam, não conseguiram fazer o que planejaram, que sofreram etc. Comecei a achar que eu era o máximo, embora continuasse dedicada ao meu trabalho, pensava que foi bom demais eu ter feito o que fiz.

"Puxa! Que bom ter vivido e feito o bem. Não vaguei quando desencarnei, nem passei pelo umbral. Estou muito feliz, aqui é bem melhor que o céu que imaginava. Tive uma vida boa encarnada porque fiz o que queria" – pensava envaidecida.

Também ouvia muitos comentários sobre outras existências corpóreas. Entendi que reencarnamos muitas vezes e fiquei a pensar que bem teria feito nas minhas outras encarnações e fantasiei: devia ter feito isso ou aquilo. Nem cogitei ter feito algo de errado. Resolvi recordar minhas outras existências. Fui ao Departamento das Reencarnações da colônia, onde ouvi algumas palestras sobre o assunto e depois, querendo mesmo recordar, pedi para fazê-lo. Meu pedido foi aceito e no dia marcado lá estava, ansiosa. A orientadora explicou-me:

"Margarida, não podemos mudar o passado. Tudo o que passamos e vivemos nos são lições importantes. O passado não deve nos entristecer..."

Olhei-a, sorri e pensei: "Ora, meu passado não deve ter nada de errado".

Relaxei e as lembranças vieram como num filme.

Vi minha antepenúltima encarnação. Vivia num pequeno castelo, era adolescente, rebelde e impulsiva. Meus pais queriam me casar com um velho rico, mas eu não queria porque estava apaixonada por um moço pobre e me encontrava com ele às escondidas. Ele morreu num acidente e eu estava grávida. Não deu mais para esconder a gravidez e meus pais descobriram. Ficaram furiosos, meu pai mandou-me para um convento para ter a criança.

Detestei ficar ali presa, tive uma gravidez difícil. Não me importava com a criança, não a amava. Sabia que ela me seria tirada logo que nascesse. A madre, como combinou com meu pai, iria doá-la. Isso não me fazia diferença, achava mesmo que não tinha como ficar com ela. Mas o nenê nasceu morto. Achei que foi preferível, que aconteceu o melhor para mim.

Meu pai iria me aceitar de novo em casa, mas só o faria se eu aceitasse casar com o velho rico. Preferi ficar no convento, ali me enturmei com pessoas afins. Não tinha nenhuma vocação para a vida religiosa nem era uma pessoa de fé. Resolvi ficar porque foi um modo de me vingar dos meus pais, porque não casando com o velho rico eles iriam passar por dificuldades financeiras. Também porque não queria casar e odiava meu pretendente. Acabei por me acostumar com a vida no convento e esta não parecia ser tão ruim assim.

Havia muitas irmãs boas e dedicadas, que permaneciam no convento querendo fazer o bem. Mas outras ali estavam por muitos motivos, menos vocação, e agiam erradamente. Religiões normalmente são boas e tentam ajudar no bem seus seguidores. Mas são muitos os que agiram e agem errado em nome delas. E foi com essas pessoas que erravam, que faziam um grupo separado, que me enturmei.

Bebíamos muito, saíamos escondidas do convento, tínhamos amantes e fazíamos orgias entre nós. Estive grávida por três vezes e abortei. Vivi anos assim, fiquei velha e passei a perseguir as jovens freiras, principalmente as que queriam fazer tudo direito. Fui má. Desencarnei e sofri terrivelmente a perseguição dos que não me perdoaram e depois pelo remorso.

Fui socorrida depois de muito tempo. Mas mesmo socorrida tinha muito remorso e compreendi que a reencarnação me seria uma bênção, porque teria o esquecimento e um outro recomeço. Mas tinha medo de reencarnar e continuar errando. Pedi para voltar como deficiente mental. Argumentei que num corpo deficiente iria ter uma existência sem condições de errar novamente. Seria uma trégua. Não iria ter como fazer o bem, mas também não faria o mal e certamente iria pelo sofrimento aprender a dar valor às oportunidades que nos são dadas pelas reencarnações.

Reencarnei e fui então uma menina deficiente mental. Minha mãe, que reconheci como a minha ex-Madre Superiora, muito me amou e ajudou. Meus pais mudaram após meu nascimento para o campo. Meu pai continuou trabalhando na cidade e vinha sempre nos ver. Fui a única filha deles. Fizeram de tudo para me proteger do preconceito e da ignorância que levam muitas pessoas a serem más com os deficientes mentais. Não foi uma existência fácil, mas bem melhor que a do período em que estava desencarnada. Viver num corpo com muitas limitações me fez sofrer. Estive muito doente e desencarnei com câncer que começou no útero.

Dessa vez fui socorrida, acolhida e recebi muita ajuda. Reequilibrada, fiquei muito grata pela grande oportunidade que tive nessa encarnação como deficiente e por ter aprendido a dar valor ao corpo perfeito. Foi para mim um período em que estive, me senti confinada, não fiz o mal e aprendi a ter paciência. Sou grata a essa encarnação porque, pelo esquecimento, me livrei de piores (para mim), das dores, a dor do remorso.

Mas quis reparar meus erros e tive como propósito encarnar e cuidar das crianças. Voltei à carne e, como Irmã Margarida, aproveitei bem a oportunidade da reencarnação.

Quando a sessão acabou foi que compreendi o que a orientadora quis me dizer. Agradeci-lhe e saí rápido, fui para meu cantinho, meu quarto, o meu lugar privativo ao lado do Educandário. Estava um pouco confusa com minhas lembranças. Peguei o Evangelho e abri ao acaso. Acaso mesmo? Não creio, era o que necessitava naquele momento. Abri no Evangelho de Lucas, XVII: 7-10, que nos ensina sobre o nosso dever. Que o Senhor não fica obrigado com o servo que faz tudo o que tinha de fazer e termina dizendo: "Somos servos inúteis, fizemos o que deveríamos fazer".

Compreendi a grande lição. Tudo o que fiz foi só em reparação a meus numerosos erros. Realizei o que havia pedido, implorado, planejado e por esse trabalho aprendi a mais preciosa lição: amar. Recordar me fez muito bem, me fez sentir como os outros que tiveram erros, sofreram, aceitaram e almejaram progredir. Meu orgulho evaporou, não tinha razão de ser. Como também cresceu em mim a vontade de ser cada vez mais útil. Estava feliz por ter conseguido ser serva. E meu objetivo seria ser uma serva útil ao Senhor.

Vejo-me como uma sementinha que por muito tempo não fiz germinar por falta de dar a mim mesma a oportunidade. E esse ensejo entendo como a fé. E me dei esse fator quando estive na última romagem física como Margarida. Ao ter fé e crença fiz com que minha semente germinasse, crescesse e desse frutos. E agora é só me alimentar, continuando a comparação agora entre a planta que cresceu e a sementinha que era, devo fortalecê-la e também tenho consciência de que terei de podá-la para poder dar melhores frutos.

Explicações de Antônio Carlos

Margarida não foi deficiente mental na sua última encarnação, mas sim na penúltima. Certamente, como normalmente acontece, teve uma causa. Ela pediu para passar por esse aprendizado, por essa dificuldade. O importante é que ela sentiu depois a necessidade de reparar seus erros e o fez com êxito. Hoje é uma ótima trabalhadora de um hospital no plano espiritual, na parte infantil, e se prepara para vir ajudar uma instituição que abriga encarnados com deficiências. Ama o que faz!

Como religiosa, teve dificuldades para entender suas saídas do corpo, ainda bem que teve conselhos de um padre espiritualista. Margarida preocupava-se demais com suas crianças, mas o corpo cansado necessitava dormir, e seu espírito ativo continuava a trabalhar.

"Será que trabalho à noite enquanto meu corpo dorme?" Muitos nos têm indagado.

"Depende", respondemos. "Você é útil ao seu semelhante quando está desperto? Sabe sê-lo?"

Quase sempre, quando nosso corpo está adormecido, continuamos o trabalho que fazemos despertos. Nem todos têm facilidade de sair do corpo. E alguns o fazem raramente. Muitos se encontram nessas saídas com espíritos afins, e são normalmente afins mesmo. Ociosos com ociosos, toxicômanos com outros, caluniadores com os próprios, aqueles que ajudam, que são úteis a outros, com os que agem auxiliando, e assim por diante.

Outros são pessoas boas, mas no momento nada fazem de bem ao próximo, estes às vezes se encontram com bons espíritos que os incentivam a serem úteis, mas atendem a quem quiser, porque também podem encontrar com encarnados ou desencarnados que lhes incentivam ao contrário.

Como também há, e muitos, aqueles como Margarida, que trabalham acordados e continuam quando desligados do corpo adormecido. Sabem e fazem despertos e continuam a trabalhar com êxito desligados e com o corpo físico adormecido.

Mas, infelizmente, sempre tem um mas. Há os que dizem: "Não faço nada de bom desperto, mas trabalho à noite, quando durmo". Isso acontece raramente. Penso que ao dizerem isso estão dando uma desculpa por não estarem fazendo nada de bom. Só é útil no trabalho aquele que tem vontade de fazer, que sabe, e quase sempre esse trabalho desligado do corpo é a continuação do que se faz desperto. O corpo físico tem necessidade de descansar para seu bem-estar e para se manter saudável. Querendo continuar seu trabalho, tem permissão para esse desligamento e continua a tarefa que ama e almeja realizar.

Também há os que, preocupados com as tarefas rotineiras, negócios, saem do corpo e continuam a trabalhar e acham nesse período soluções que lhes são importantes.

Mas estamos falando aqui é do trabalho para o bem. Quem trabalha e é útil desligado do corpo físico, é aquele que também o é acordado. Só em casos raros que, impedido por algum motivo contrário à sua vontade, como doenças e velhice, não o fazem despertos. Assim mesmo, antes de ter algum impedimento, eram trabalhadores ativos tanto acordados quanto adormecidos.

Quanto à parte do Evangelho citado de Lucas, sobre o nosso dever, tem-se dado muitas explicações sobre ser servo. Entendo nessa passagem que aquele que segue direito as vontades de Deus é um servo inútil, fez só o que lhe foi mandado, nada fez de errado nem tentou fazer algo a mais do que lhe foi ordenado. Foi servo! Há muitos que nem de servos podem ser chamados! Mas ao fazer mais do que lhe foi ordenado, aí sim, são servos úteis e sábios! Para mim, Margarida o foi. Mas precisava ela, naquele momento, ter uma lição. Começou a se orgulhar de ter sido boa, útil etc. Compreendeu então que teve uma grande oportunidade, pela reencarnação, de reparar seus erros. Não só superou como fez muito mais, foram cinquenta e seis anos de dedicação a órfãos e a deficientes mentais. Fez mais que sua obrigação de serva, foi útil.

Que exemplo belíssimo ela nos dá!

Pablo

– Pablo, que lindinho você está! – disse uma das tias da minha escola.

Sorri feliz. Estava com uma roupa nova, de marinheiro, que ganhara de uma senhora que fora distribuir prendas na favela. Gostei muito dessa roupa e passei a usá-la só em dias especiais. Não queria que ficasse velha ou estragasse.

Fui negro na minha última encarnação e continuo negro no plano espiritual, porque aprendi a amar todas as formas de manifestações externas. Somos todos filhos de um mesmo Pai, e Deus nos ama igualmente. Temos de aprender a ser receptivos ao Amor Divino. E nossa aparência tão mutável não importa para aqueles que compreendem a pluralidade das existências.

E estou vestido com aquela roupa de marinheiro de que tanto gostava. Ao desencarnar, minha mãe vestiu meu corpo com ela para ser enterrado. E, quando pensava em mim, me imaginava com a roupa e até dizia:

"Pablo, meu filhinho, deve estar no céu com os anjinhos e vestido com a roupa de marinheiro de que ele tanto gostava..."

E, para me agradar, uma tia do Educandário onde estava abrigado a plasmou para mim e, bem novinha, a vestia contente e, como não precisava mais trocá-la, fiquei com ela.

Recordo muito bem a minha última vivência no corpo físico.

Meus pais, favelados, viviam brigando e com muitos problemas. Morávamos numa imensa favela de uma cidade grande. Meu papai trabalhava muito, ganhava pouco e bebia nos fins de semana e às vezes à noite, embriagado, brigava muito com minha mãe, que era honesta, mas geniosa e trabalhava como empregada doméstica. Sua vida não foi fácil. Era, é, boa mãe, para mim e para meus outros três irmãos. Dois meninos mais velhos que eu e uma menina, a caçula. Só eu tive problemas. Fui um deficiente mental considerado de grau leve, andei aos quatro anos e falava errado, aprender me era difícil. Conseguia assimilar algo após muito esforço e paciência de quem me ensinava. E só tinham essa paciência as tias da minha escola.

Mamãe me levava a uma escola especial. Deixava-me cedinho, antes de ir para o trabalho, e me buscava ao escurecer. Gostava de lá, tive assistência médica, odontológica, alimentava-me bem, a comida era gostosa e variada e aprendi muito, pelo menos o essencial para um garoto com as minhas dificuldades.

Mamãe não conseguia evitar que me chamassem de Pabo (era como conseguia falar meu nome), o Bobo.

Era feliz. Sentia-me bem, embora com todas as minhas dificuldades e deficiências.

– Não sei por que ele é tão alegre! – exclamava, às vezes, minha mãe. – Talvez porque ele não entenda bem o que lhe acontece ou o que se passa à sua volta. Parece que seu pai tem razão. É um bobo feliz!

Vivia sorrindo. E não reclamava, nem quando em casa não havia o que comer e meu estômago roncava de fome. Para mim tudo estava bem, mesmo doente não me queixava nem perdia a vontade de sorrir. Penso que, por ter sofrido muito anteriormente, aquela vida que muitos julgavam sacrificada não o era para mim. Meu espírito sentia que possuía mais do que merecia e era grato pelo pouco que tinha, porque aquele que dá valor ao pouco que tem, não perde tempo em sofrer pelo que julga merecer possuir.

– Menino feliz! – chamavam-me as tias da minha escola.

E minha vida transcorria normalmente, ia da escola para casa, não dava trabalho e até tentava ajudar minha mãe, lavando louças ou arrumando a casa.

Um dia escutei mamãe falando com sua mãe, minha avó, não entendi, mas a compreensão veio anos depois, quando já estava desencarnado.

– Mamãe, quando Pablo nasceu, quase o doei. Não o amei como os outros. Sérgio (meu pai) ralhou comigo. Dar um filho? Nunca, eles não eram cachorros. Ele me deu muito trabalho, demorou a andar, sair das fraldas. Hoje é tão dócil, tão meigo! Eu o amo, e muito!

– Filha, talvez sua rejeição foi porque ele nasceu doente da cabeça. Mas Pablo é tão lindo! Eu também o amo! É tão carinhoso e atencioso comigo!

Fiquei muito feliz ao ouvir e agora ao recordar. O fato é que me reconciliei com eles, com essa família. De desafeto a amigo. Maravilha!

Estava com quase doze anos. Na sexta-feira, caí na escola e machuquei meu pé esquerdo, as tias o enfaixaram. Estava dolorido e andava com dificuldade, mancando.

Brincava muito com os garotos dos barracos vizinhos, quase sempre com os menores, os mais novos que eu. Gostava deles e eles de mim. Não me maltratavam, costumavam me explicar as brincadeiras e não se importavam se eu fizesse algo de errado, era o bobinho. Gostava muito de fazer estradinha para nossos carrinhos ou caminhões, que às vezes eram pedras ou caixas. Mas na nossa imaginação eram de verdade.

Estávamos brincando naquela manhã de domingo em frente ao nosso barraco, quando numa briga entre traficantes houve troca de tiros. Todas as crianças correram e eu fiquei para trás, não consegui correr por causa do meu pé machucado.

– Corre, Pablo! Corre! – escutei meu irmão gritar.

Tentei, mas não deu, senti um ardume no peito, coloquei a mão e senti o sangue correr. Senti doer e minha vista embaralhar, caí. Fui atingido por uma bala perdida e desencarnei.

A dor diminuiu, quis fugir, levantei rápido e me assustei, me vi caído com o peito ferido e sangrando muito.

"Calma, Pablo! Venha comigo!"

Um senhor abraçou-me. Sua voz era tão suave que não tive medo e dormi.

Foi um socorrista que me auxiliou, me adormeceu e terminou o processo do meu desligamento, porque meu espírito saiu rápido do corpo atingido. Depois me levou para um posto de socorro, continuei adormecido e fui transportado para a colônia do plano espiritual da cidade em que morava.

Acordei e lembrei-me de tudo, procurei meu ferimento, sem sinal, esperei paciente que viesse alguém perto de mim. Havia aprendido a ser paciente. Por nada perdia a calma nem exigia nada para mim.

"Olá, Pablo! Já acordou? Está bem?"

Não queria perturbar indagando. Aquela senhora deveria trabalhar ali, talvez estivesse muito ocupada. Sorri em resposta.

"Lembra que foi ferido?", indagou-me. "Você logo irá entender o que se passou. Estava brincando quando foi atingido por uma bala perdida. Foi ferido e seu corpinho morreu. Você, espírito eterno, agora irá ficar conosco. Tenho a certeza de que irá gostar. Não se acanhe se não entender o que falo. Vai compreender isso logo e muito mais. Peça o que quiser para mim, sou tia Neide. Amo você!"

Não respondi. Enquanto ela falava, lembrei-me de tudo. Mais tarde vim a saber que tia Neide me disse isso porque eu recordava todos os fatos e foi melhor saber logo. Isso não acontece com todos, é até raro. Lembrei-me do tiroteio, do meu ferimento e de que me tornei dois, que me vi caído, sangrando. Depois, vi também mamãe chorando e meu enterro. Não queria ficar triste, ainda mais diante daquela senhora tão bonita e agradável. Tentei sorrir, mas chorei. Ela me abraçou:

"Você irá gostar daqui! Não se acanhe de chorar. Irá acostumar logo, amará muito esse lugar. Venha, vou levá-lo ao jardim."

Docemente a segui.

Ela estava certa. Amei a colônia, o plano espiritual. Logo me tornei amigo de todos, dos instrutores e dos colegas. Aprendi muito e me tornei útil como sempre quis. Aprendi a ler, a escrever, a fazer "contas" de matemática, algo que sempre quis, que sonhava muitas vezes em fazer e que não conseguia.

Do hospital fui para o Educandário e sou muito feliz e grato, profundamente grato.

Não tenho lembrança nenhuma de minhas encarnações anteriores.

Mas meu instrutor, que nos dá aulas de Verdades Morais, me ajudou nesse sentido. Verdades Morais é o nosso curso sobre o Evangelho. Um companheiro de classe, muito perguntador, chama assim carinhosamente essas aulas, porque, segundo ele, o instrutor nos esclarece sobre todos os assuntos. E como aprendemos com perguntas e respostas!

Muitos de meus colegas indagavam sobre reencarnação, sobre seu passado, assunto muito em voga porque está sendo muito falado nos dois planos, no físico e no espiritual, e a curiosidade é grande sobre esse tema. Muitos dos meus colegas recordaram seu passado. Todos da classe tiveram problemas mentais na última encarnação. Normalmente são agrupadas nas classes pessoas com os mesmos problemas, para facilitar o aprendizado.

Mas eu não recordava nada e não recordo. Fiquei curioso. Então meu instrutor soube disso por mim e me falou do meu passado. Isso para que não ficasse tão curioso e entendesse que nada é por acaso. Fez isso para me ajudar. Consultou a sala de arquivos, por isso soube sobre minhas encarnações passadas.

"Pablo", disse o instrutor, "você teve uma encarnação em que foi um feitor de uma grande fazenda e teve muita autoridade, dada pelo dono. Mas a usou indevidamente e fez muitas maldades. Não teve compaixão dos negros escravos, matava de modo cruel todos os fujões, perseguiu muitos deles e castigava-os sem piedade.

"Mas a desencarnação chegou e você passou de perseguidor a perseguido. Por anos vagou no umbral, sendo torturado pelos que não o perdoaram. Perseguição que o levou a ser um ovóide. Perdeu a forma perispiritual para se tornar como um ovo. Foram socorridos, você e seus perseguidores.

Os orientadores concluíram que você necessitava reencarnar, do corpo físico, de algumas encarnações para se harmonizar novamente. Após um ligeiro tratamento, os socorristas o levaram para uma nova oportunidade, a reencarnar. Nasceu numa família muito pobre, deficiente mental e físico, viveu como um vegetal por cinco anos. Desencarnou e os socorristas levaram-no, logo após um intervalo, para que continuasse sua recuperação num outro corpo. Você havia melhorado, mas necessitava continuar sua recuperação. Reencarnou entre aqueles que não o perdoaram e o perseguiram no umbral. Novamente foi portador de deficiência grave, teve uma existência difícil por três anos, quando desencarnou por uma doença epidêmica. Foi bom a você, esses ex-inimigos se tornaram amigos. Conseguiu que essa família de ex-escravos o perdoasse.

"Após um período", continuou a me esclarecer o instrutor, "em que fez um bom tratamento desencarnado, voltou como Pablo, novamente entre desafetos do passado que aprenderam a amá-lo e você a eles. E agora está equilibrado e novamente apto a ter um corpo normal na próxima reencarnação."

Meu instrutor deu por terminada a narrativa, também fiquei satisfeito com as explicações. Não tinha mesmo por que lembrar. Era o presente que importava, e no futuro planejo, esperançoso, ser bom e ajudar a muitos.

Mas após o instrutor ter terminado de falar sobre meu passado exclamei de modo sincero, levando meus colegas a rirem:

"Ser mau, fazer o mal, é um horror! Que sujeito ruim fui eu! Que peste! Um verdadeiro diabo que certamente foi invejado pelo próprio que fica no inferno, com seu garfo, espetando os pecadores, como muitos creem por aí. Acho que muitos temem até falar a palavra diabo porque, como eu, devem ter sido um. Embora reconheçamos que um como eu é pouco!"

"Ainda bem, Pablo, que não o é mais!", disse um colega, convicto.

Meu instrutor elucidou-nos:

"O inferno como muitos imaginam não existe, o diabo, quem pode dizer que não foi um? Quem se pode excetuar de erros? O importante é compreender os errados e querer de alguma forma ajudar a reerguê-los. Devemos ser esperançosos quanto ao futuro. Fixar o aprendizado do bem, nos esforçar para melhorarmos, para não sermos mais errados."

Sei que ainda tenho de me reconciliar com vários daqueles a quem prejudiquei. Mas foram muitos os que me perdoaram com o esquecimento de todo o mal que lhes fiz. Outros ainda guardam mágoa, mas tenho esperança de que me perdoarão, porque querendo com sinceridade o perdão deles, nos reconciliaremos. O que aprendi está aprendido! Serei alegre, grato e paciente. Com essas três "armas", essas três virtudes, conquistarei os que não me perdoaram. Depois, se a vida me ensinou, a eles também o fez. Quem não perdoa sofre, e o sofrimento cansa e nos leva à reconciliação. Peço muito a Deus, em prece, forças para não errar de novo. E espero contar com amigos que me aconselharão quando estiver encarnado. E para ter amigos, conquisto-os, porque é bem sábio o ditado popular que diz que quem tem amigos é rico. Para isso, acumulo meus amigos de favores, de carinho e atenção, mas não estou sendo interesseiro, é que aprendi como a solidão é desagradável e dolorosa e como é prazeroso estar cercado de pessoas que confiam em você e que você ama. E quer tesouro maior que uma pessoa ter, ao reencarnar, amigos para aconselhá-la? Quando amamos de forma sincera e desinteressada, o fazemos por sermos receptivos aos carinhos de outros e tudo nos é facilitado, porque o amor é o alimento de nossa alma!

A todos aqueles que amam, meu respeito, e, por favor, não sejam tímidos, deem exemplos aos que, como eu, tentam aprender a servir para um dia serem bons.

Que Jesus esteja convosco!

Agradecido

Pablo

Explicações de Antônio Carlos

Como fazemos mal a nós mesmos ao prejudicarmos a outros! Como colher as ações más é doloroso! Vemos na narrativa de Pablo um exemplo a ser meditado. Poder e autoridade são fases passageiras. Fazer inimigos é tê-los como cobradores. Fazer amigos é ter sempre alguém a nos ajudar.

Perdoar todas as vezes que fomos ofendidos e prejudicados, ensinou-nos sabiamente Jesus. Ligamo-nos a quem nos prejudicou quando não perdoamos. Poderão os leitores indagar: "Os ex-escravos que foram tão prejudicados mereceram receber entre eles seu algoz e ainda deficiente?" Viram que ele não necessitou ir até os que o perdoaram. Ligados pelos laços de ódio e rancor, que só são desatados com a reconciliação.

Perdoe sempre com o esquecimento de todo o mal e se ligue a afetos, faça cada vez mais amigos.

Muitos não recordam o passado, mas, querendo saber, pode então ocorrer de um instrutor, um orientador, saber e lhes falar. Instrutores têm acesso a arquivos nas colônias, mas fazem isso só para ajudar. Isso também pode ocorrer com encarnados, protetores têm falado a seus pupilos fatos para que eles entendam alguns acontecimentos.

Como a reencarnação é bênção! Como é bom reparar erros, construir e ter oportunidade de progredir. Mas não deixem para depois. Sejam sábios e aproveitem esta.

Nosso narrador, não tendo nas suas três últimas encarnações condições de fazer o mal por ter reencarnado deficiente, será que não o fará na próxima, recuperado? Realmente ele não fez o mal nem o bem por ter tido deficiência, mas foi muito doloroso para ele esse período. A dor tentou ensiná-lo, resta saber se ele de fato aprendeu ou voltará a repetir por não ter realmente assimilado a lição. Mas, conversando muito com Pablo, creio que está realmente apto a caminhar rumo ao progresso.

Pablo, ao fazer muitas maldades, desencarnou e tornou-se perseguido com fúria e ódio. Seu perispírito perdeu a forma, tornou-se um ovóide, como já nos ensinou André Luiz em seus livros, principalmente em Libertação, *psicografado pelo nosso querido Chico Xavier.*

Ele necessitou de três encarnações para se recuperar. Mas essa é a sua história. Espíritos se tornam ovóides por terem errado muito, e a recuperação deles se faz de muitos modos. O corpo físico que usavam para tantas maldades é quase sempre bênção para se reequilibrarem. Mas nem todos que vivem como vegetais foram ovóides, para uma reação, existem ações diferentes.

Façamos o bem. Agir sempre com bondade é garantia de colher frutos doces e agradáveis.

Marília

TENHO POUCAS LEMBRANÇAS do período em que vivi encarnada como deficiente mental. É como um adulto recordar sua infância, tem vagas lembranças ou recorda-se de fatos, de alguns, os mais importantes. Vivi vinte e um anos numa instituição que cuida de crianças deficientes que são abandonadas pelos pais, ou que são órfãs. A maioria era como eu, abandonada, mas com os pais vivos.

– Olá, Maria, me dê um sorriso de bom dia! – dizia sempre uma senhora idosa ao me acordar.

Sorria, embora sem saber bem o que era sorrir. Incrível como o ser humano sorri ou chora sem saber o porquê.

Sou muito grata às pessoas que cuidaram de mim nessa instituição de caridade. Gostava do orfanato, foi o lar que tive. Uma vez por mês, uma das empregadas passou a nos maltratar, mas ao ser descoberta foi demitida, para nosso alívio. Essa é a única má lembrança desses anos que vivi lá, foi só um período, porque, mesmo com muitas dificuldades, éramos bem tratados. E como tenho informações, continuam sendo, porém seria melhor se houvesse mais interessados em trabalhar, ajudando tanto financeiramente como auxiliando, sendo voluntários nessas casas fraternas, escolas que recuperam deficientes mentais e também físicos.

Houve um período no orfanato em que escassearam tanto os funcionários por falta de verbas que os poucos não davam conta de todo o serviço. Ficávamos até três dias sem banho. Não nos trocavam no horário devido, eu usava, como muitos, fraldas. Não nos levavam ao jardim nem ao pátio para o banho de sol. Mas éramos alimentados no horário marcado.

Não entendia bem o que se passava comigo nem fazia comparações. Era aquilo! Um ser num corpo disforme e que sentia muitas dores e desconforto.

Era muito doente e tinha crises em que me debatia, agredindo quem se aproximasse de mim. Fui obsediada. Sim, espíritos que não me perdoavam se aproximavam de mim com ódio, levando-me a ter essas crises. Riam de mim, do farrapo humano que me tornei:

"Marília, cadê sua beleza? Onde está a mulher que se julgava tão inteligente? Bem-feito! Tudo o que está passando é pouco pelo que fez seus amigos passar!"

Horrorizava-me com eles, temia-os, atingiam-me com seus fluidos de ódio, debatia-me apavorada, querendo afastá-los, e acabava atingindo quem se aproximava de mim. Para não cair ou me machucar e para não atingir ninguém, nessas crises era amarrada ao leito e, às vezes, esqueciam de me desamarrar.

Para nosso alívio e bem-estar um grupo de voluntários espíritas passou a vir nos visitar, dedicando horas de seu lazer a cuidar de nós, melhorando nossas vidas. E como melhorou! Passaram também a ajudar na administração do orfanato e tudo foi transformado para melhor.

– Maria, bom dia!

Gostava deles, passei a conhecê-los, me tranquilizava com seus mimos e carinho. Mas para mim meu nome era Marília e não Maria, mas sorria para eles, meu sorriso era a única demonstração do tanto que gostava deles e como eram importantes para mim.

Depois que desencarnei, meu instrutor, Estandislau, o meu querido amigo Lalau, me explicou que, quando eu nasci, meus pais haviam escolhido um nome que para eles era bonito, mas, quando me viram e souberam que era deficiente, minha mãe falou aborrecida:

"Vamos deixar o nome escolhido para a nossa próxima filha, esta será Maria, só Maria."

Conseguia entender que aqueles que gostavam, que cuidavam de mim, me chamavam de Maria, mas os outros, os desencarnados que me perseguiam, me chamavam de Marília. Nome que tive na anterior encarnação. E preferi, desencarnada, ser chamada de Marília para me recordar e me incentivar a acertar, reparar o muito que errei.

Essas pessoas bondosas que vieram organizar, trabalhar no orfanato, melhoraram-no muito. Passamos a ter carinho, mais cuidados, tratamento e atenção. Melhorei; me ensinaram a me alimentar sozinha, a ir ao banheiro e até aprendi a falar, embora o fizesse errado e com frases curtas. Não tinha aprendido antes por não terem me ensinado.

Como também passamos a orar, a escutar histórias da vida de Jesus. Enganam-se as pessoas que pensam que não conseguimos assimilar nada. Não sei explicar bem como e por quê, mas entendemos muitas coisas, entendemos pelo espírito. Como é bom sentir-se amada, protegida, e como é útil a nós, os que são deficientes, uma religião, e como a prece nos faz melhorar. Como orar me fez bem!

Quero deixar claro que tinha essas crises por estar obsediada, mas nem todos que as têm é por esse motivo, são várias as razões e as doenças que levam muitos a ter crises como as que me acometiam.

Fui levada ao orfanato com poucos dias de vida, e só uma vez meu pai me visitou. Foi mais por curiosidade de saber como estava do que por saudades. Ao me ver, exclamou alto:

– Esta coisa não pode ser minha filha!

Virou-se e retirou-se rápido sem responder às indagações que a funcionária do orfanato tentava lhe fazer. Não me importei com isso, não conseguia entender o que era ter pais, para mim a vida era aquela que tinha no orfanato.

Consegui aprender muito pouco, tinha mesmo dificuldades. Foi fundada dentro do orfanato uma escolinha, passei a frequentá-la, meu rendimento foi quase nulo, mas muitos de meus companheiros aprenderam, uns até a ler!

Lembro-me com carinho de um passeio que fizemos, um ônibus nos levou para passear, fomos à praia. Que gostoso! Achei tão agradável que queria ficar passeando a vida toda. Queria ficar ali na areia, morar lá. Como gostei de rolar na areia quente e de pegá-la.

Para nossa alegria, as senhoras, as tias, passaram a nos levar para passear mais vezes.

Não gostava dos desencarnados que via sempre, temia-os, tinha horror deles, tentava atingi-los com tapas e com isso batia em quem estava próximo. Isso era tido como crise de agressão. Com as senhoras espíritas cuidando de nós, elas corriam até mim ao meu primeiro grito, me davam passes e os desencarnados não conseguiam se aproximar, ria sentindo-me aliviada. Meus perseguidores acharam então uma forma de se aproximar de mim, era quando elas não estavam presentes, mas ficavam os desencarnados trabalhadores do bem. Aprendi que ao vê-los se aproximando era só pensar nelas, nas senhoras, nas tias espíritas e imaginá-las perto, para que eles não se aproximassem. Aprendi a orar...

Sempre fui muito doente, fraca, sofri muito com uma tuberculose que me fez ficar muitos dias no hospital. Não gostei daquele lugar, que era muito grande e cheio de pessoas que não conhecia. Sarei e voltei, alegrei-me muito, senti-me tranquila, embora estando com muitas dores e magra.

Todos pensaram que logo me recuperaria, era cercada de carinho e atenção.

Naquela noite não passei muito bem, tinha falta de ar, dor no peito e, de repente, dormi tranquila para acordar num outro lugar.

Vi ao meu lado dois amigos, companheiros de orfanato que há tempos não via. Eram dois colegas que haviam desencarnado. Sorriam para mim e respondi sorrindo. Achei que estava num outro quarto do orfanato. Se os dois estavam comigo, confiei e me senti bem, não tinha mais dores que me agonizavam.

"Maria Marília, esteja tranquila, ficaremos com você", disse Toninho.

Só que ele falou corretamente como as tias. É que ele já estava bem, segurei forte a sua mão.

Toninho e Cláudia desencarnaram bem antes de mim e estavam já recuperados e, para não me apavorar, puderam me ajudar. Toninho sorriu e me falou, explicando:

"Como quer que a chamemos? Vamos fale... Aqui terá um bom tratamento e logo estará como nós."

"Você fala como as tias...", balbuciei estranhando.

"Certamente, aprendemos", falou Cláudia. "E você irá aprender também. Fale, como quer que a chamemos?"

"Marília", disse certo e ri alegre.

Não só os dois me ajudaram, mas também muito me auxiliou o Estandislau, o Lalau, nosso instrutor, de todos daquela ala que foram deficientes mentais e anteriormente suicidas. Pensei por algum tempo que estava em outro orfanato.

"Marília", explicou-me Lalau, "o nome certo daqui é Educandário Menino Jesus, a escola da alegria, porque aqui se recupera com contentamento. Somos todos felizes! Esses lugares serão, no futuro, modelos para os orfanatos dos encarnados. Mas, minha querida, você está realmente em outro lugar. Seu corpinho doente morreu e é agora uma nova Marília, morando em um novo lugar: o plano espiritual."

Fui entendendo aos poucos, como também foi após um longo tratamento que os reflexos da minha deficiência foram sumindo e então me tornei sadia.

O Educandário Menino Jesus é muito bonito, está localizado numa colônia pequena. Podemos, nós que ficamos no Educandário, passear e conhecer a colônia, primeiramente com instrutores, depois sozinhos nos nossos horários de lazer. Encantei-me com tudo, parava extasiada até diante de uma flor. Corria pelos parques cantando. Então fui convidada a fazer parte de um coral, aceitei contente, gosto de cantar e como a música tem me ajudado, me fez bem!

Estou até hoje morando no Educandário e na mesma ala, ainda tenho aulas e tenho como tarefa ajudar os que chegam como recém-desencarnados. Tenho o meu quartinho todo rosa clarinho. Para minha alegria, Lalau me deu de presente um piano, aprendo a tocar. Não tenho fotos como muitos dos meus colegas. A maioria dos abrigados do Educandário tem muitas fotos de familiares, que espalham pelo seu cantinho. Então para enfeitar, escrevi em uma parede do meu quarto: "Só o amor constrói".

O que mais gosto aqui são os parques e estou sempre a correr por eles. Como é prazeroso sentir o vento bater no meu rosto!

Sadia, mudei meu aspecto, tornei-me mais bonita, mas é a alegria que sinto que me faz bonita, e isso acontece com todos nós.

Tenho muitos amigos e quero conservá-los, estou aprendendo a dar valor à amizade.

"Como se sente agora, Marília? Como se sentia encarnada?", indagou um colega, durante uma aula com o instrutor Lalau.

"Sinto-me, pela desencarnação, livre e muito bem!", exclamei. "A sensação que tive nesses vinte e um anos encarnada me foi confusa e dolorida. Sentia-me presa, e bem presa, a um corpo com muitas limitações."

Lalau nos esclareceu, com sua forma carinhosa:

"Marília, nem todos têm essa sensação. Os deficientes que têm carinho e atenção dos familiares repartem o fardo, e seu peso torna-se mais leve."

Bem, como sentia que chamava Marília, todos passaram a chamar-me assim. Nomes são formas de nos designar no momento presente. Já tivemos muitos nomes e certamente teremos outros tantos.

"Por que será que meus pais não me quiseram?", indagava sempre, sentida.

Eram sadios, dispunham de recursos financeiros e me abandonaram logo após eu ter nascido.

Pensando muito nisso, acabei por confundir, comecei a ter dó de mim e não fazer minhas tarefas direito, nem render nos estudos. Lalau veio conversar comigo:

"Marília, vou lhe dizer o que aconteceu com você e entenderá que, quando erramos, nos ligamos às nossas más ações até que o perdão ou a reparação seja feita de modo sincero. Você, Marília", continuou Lalau, após uma ligeira pausa, "na sua encarnação anterior, na penúltima, chamou-se Marília, era uma jovem rebelde e caprichosa que deu muitas preocupações para seus pais. Foi estudar numa cidade grande, onde para se sustentar lecionava para crianças e estudava à noite.

"Fez muitas amizades e acabou por fazer parte de um grupo revolucionário. Rebelde, aventurou-se no perigo não por ideal, como a maioria, mas por diversão e aventura. O grupo levava a sério, eram idealistas que objetivavam algo muito importante para eles.

"Achando que eles estavam indo longe demais, começou a ter medo e tentou diminuir o contato, mas viu que seria difícil desligar-se deles. Um dia, um moço lhe procurou e ofereceu uma quantia grande de dinheiro por informações sobre o grupo. Não hesitou em aceitar e, ao receber o dinheiro, deu a ele todas as informações que sabia. No outro dia foram todos presos em flagrante, quando se reuniam para planejar novos ataques.

"Certamente você não foi ao encontro marcado, deu a desculpa de que estava doente e faltou.

"Foram todos presos, torturados e muitos desencarnaram. Ficaram sabendo então os desencarnados que foi você, e por dinheiro, que os delatou, odiaram-na.

"Alguns dos seus ex-companheiros que desencarnaram não a perdoaram e passaram a persegui-la, desejando vingança. Eles até que entenderam que quem os torturou e os matou cumpria ordens e, no momento, eram rivais, tendo ideias diferentes, e que eles também já haviam matado pessoas do grupo deles. Mas você não tinha desculpa, para eles você foi a traidora cruel, a maior culpada.

"Você se pôs a gastar o dinheiro prazerosamente, mas, com a aproximação deles, começou a inquietar-se, passou a ser obsediada com ódio e perturbou-se. Por três anos lutaram mentalmente. Você os enfrentava e não se arrependeu, mesmo sabendo o que eles passaram no cativeiro. Eles não deixavam que esquecesse a traição. Desesperou-se, falava com eles, as pessoas julgavam que falava sozinha. Dizia-se perseguida, riam de você. Atormentada, quis morrer e os perseguidores aplaudiram e incentivaram a ideia. Sabiam que suicidas sofrem muito e eles queriam vê-la sofrer.

"Um dia, sentindo que nada valia mais a pena, jogou-se de um viaduto, de cabeça. Queria mesmo morrer para esquecer o tormento, queria esmagar o cérebro para não pensar mais.

"Eles, querendo continuar a vingança, a desligaram do corpo físico, e sua agonia prosseguiu, perseguiram-na pelo umbral.

"Mas outros ex-terroristas desencarnados vieram ajudá-los, tentar convencer os ex-colegas, os que a perseguiam, que a perdoassem e fossem com eles para o plano espiritual melhor. Alguns foram, outros não. Socorreram-na, mas estava tão perturbada que não conseguiram recuperá-la. Eles acharam que você deveria reencarnar entre os ex-colegas que ficaram encarnados e que naquele momento estavam livres e vivendo normalmente. Concluíram que seria um modo de se reconciliarem e também que os que ainda não a haviam perdoado não iriam persegui-la como filha de amigos queridos.

"Certamente eles fizeram com a maior das boas intenções, mas, às vezes, só a boa intenção não é o bastante, tem que agir com conhecimento.

"Como vê, Marília, seus pais, ex-companheiros de terrorismo, não a aceitaram e colocaram-na no orfanato. Quero lhe explicar que muitos dos seus ex-companheiros do orfanato não estão lá só por esse motivo, são muitas as causas que levam pais a rejeitar, abandonar ou deixar filhos no orfanato: orgulho, desencarne de um ou dos dois genitores, vaidade, não poder ou não ter condições para criá-los e, como no seu caso, não perdoar."

"Não queria ter feito isso!", falei aborrecida.

"Marília, tire lições disso tudo para acertos no futuro."

"Lalau, fui perseguida nessa última encarnação e após anos há os que não me perdoaram. Como fazer para que eles me perdoem?"

"Fortaleça-se primeiro, Marília. Apta, peça perdão a eles, estude, trabalhe, aprenda, aproveite a oportunidade que está tendo no momento para se harmonizar, para se equilibrar, para saber lidar com essa situação, assim reconciliar-se-á com todos."

"Eles me acompanharam durante toda a minha última encarnação. O tempo todo em que estive no corpo físico, eles tentaram me maltratar. Não sei como eles não quiseram ou tentaram me levar com eles quando desencarnei", falei a Lalau.

"Tentaram sim, mas não conseguiram. Socorristas a desligaram e trouxeram-na para cá."

"Quero pedir perdão a todos eles", falei. "Mas e se algum teimar em não me perdoar?"

"Você tem que realmente se arrepender e pedir perdão com sinceridade, e tentar ajudá-los como foi e está sendo ajudada. Quem não perdoa, Marília, sofre muito. Creio que todos eles entenderão você, há muitos ex-guerrilheiros que trabalham incansavelmente ajudando os companheiros que não estão bem e que vagam. Eles auxiliarão você a se entender com os que ainda a odeiam."

E desde esse dia, tenho me esforçado. Fui ao encontro de todos, primeiramente dos que já haviam me perdoado. Foi com muita alegria que escutei:

"Perdoo, você, Marília, está perdoada."

Passamos a nos encontrar e trocar ideias, eles me ajudaram muito, voltamos a ser amigos.

Acompanhada por Lalau e por alguns desses meus ex-colegas que me perdoaram, fui em busca do perdão de todos. Roguei até aos que estão encarnados, aos meus pais;

muitos me perdoaram, outros infelizmente não, mas não desisto, tenho esperança de que irão fazê-lo um dia.

Pensando no que errei, muito tenho que fazer para reparar meus erros. Fiz muitos odiarem, agora quero fazer com que amem novamente. Só o amor constrói, frase muito falada, mas pouco seguida. Eu, na encarnação em que me chamei Marília, tinha o hábito de pichar essa frase. Agora a marquei na mente e no coração.

Quero acertar! Que Jesus me dê forças, como também a todos nós.

Agradecida

Maria, Marília

Explicações de Antônio Carlos

Estandislau, o Lalau, bondoso instrutor de um Educandário, falou a Marília que todos os orfanatos no futuro teriam como modelo os Educandários do plano espiritual. Tenho esperança de que sejam realmente. Tenho notado que a maioria tem realmente melhorado, tendo como objetivo não só educar seus internos, mas também trabalhar. Mas esse futuro a que se refere esse instrutor é um futuro próximo, porque cremos que, com a transformação da Terra, não necessitaremos mais de orfanatos. Teremos responsabilidade para cuidar dos rebentos, como também se houver órfãos terão o amor de pais adotivos.

Muitos de vocês, leitores, poderão pensar que era injusta a obsessão de Marília num corpo deficiente. Mas repito aqui: nos ligamos às nossas ações quando não perdoamos, quando não nos arrependemos de nossas culpas e não pedimos perdão.

Marília errou, como ela concluiu, fez com que muitos a odiassem. Mas não se arrependeu, lutava mentalmente com eles, perturbou-se e suicidou-se, agravando seus erros.

Mesmo depois, reencarnada, não pediu perdão, não gostava deles, temia-os, mas também queria atingi-los. Por isso foi obsediada, vibrava igual.

Só depois, no Educandário, doutrinada, é que entendeu seu erro e arrependeu-se.

Tenho visto muitas obsessões entre deficientes mentais, como também noto que a religião e passes espíritas têm feito bem a eles, porque aprendem todos, obsediados e obsessores, a perdoar.

Os ex-companheiros não conseguiram perdoá-la e não a aceitaram por filha.

"Se fosse um espírito querido deles, a aceitariam?", poderão indagar.

"Não sei", respondo, "talvez se amassem o espírito o aceitariam, mas deveriam aceitar. Erraram rejeitando. Adiaram uma reparação e reconciliação."

Veio-me agora à mente uma historinha que nos foi contada gentilmente por um desencarnado. Disse-nos ele:

"Era pobre, herdara do meu pai um pedaço de terra e comecei a trabalhar incansavelmente nela. Casei, tive filhos e queria para eles, para nós, uma vida melhor.

"Mas por ali chovia sempre forte, tempestades de granizo estragavam as lavouras. Todas as vezes que ameaçava chover, me ajoelhava e orava com fé:

"Deus, agora não tenho condições de aguentar um prejuízo, adia-me, por favor, esse transtorno.

"Chovia manso no meu sítio e nos vizinhos havia estragos.

"Progredi com meu trabalho, tinha casa boa, filhos crescidos, o sítio próspero. E veio uma grande tempestade e estragou todo o meu sítio. Os vizinhos vieram, aflitos, saber se precisava de auxílio, encontraram-me ajoelhado, orando como das outras vezes:

"'Que faz, homem? Agradece a Deus pelo estrago?', indagou um vizinho, estranhando.

"Quando não tinha condições de aguentar um transtorno, o Pai Amoroso atendeu a meu pedido e o afastou. Agora que me sinto preparado, a tempestade veio e não me pareceu grande nem que fez tantos estragos. Sou grato a Deus!"

Esse homem sabia que teria de enfrentar um dia as consequências de um erro, e que isso lhe seria um transtorno. Pediu e lhe foi adiado para quando se sentisse forte para tanto. Fortaleceu-se no trabalho, aproveitando as oportunidades. Certamente aprendeu muito, pôde assim suavizar a reação e aceitá-la com tranquilidade.

Poderia até ter evitado esse transtorno se, em vez de trabalhar só para si, trabalhasse também para o próximo.

As reações vêm sempre, aceitamos se estamos preparados, e não se preparando tudo parece pior, e se rejeitamos inconformados só as adiamos, mas a hora da colheita chega para todos. E felizes os que se preparam.

Fortaleçamo-nos, amigos, na boa moral, nos ensinos evangélicos, na caridade, no amor ao próximo e sabiamente poderemos trocar a má colheita pelo trabalho reparador. Se podemos, façamos e, se não conseguimos trocar o todo, podemos suavizar bastante!

Alegrias!

Laura

SOU TREMENDAMENTE SIMPLES ou tento ser. Nem sempre fui assim. Agora quero ser e por vontade própria estou sendo, porque acho que a simplicidade e a docilidade são importantes para mim.

Na minha última encarnação, com Síndrome de Down, fui feia, bem diferente dos considerados normais, mas enquanto estive encarnada fui relativamente feliz.

Não tinha nada em comum nem ligações pelo passado com a família que me acolheu no seu seio. Conhecemo-nos nessa encarnação, eles muito me amaram e eu aprendi a amar com seus exemplos.

– Laurinha, como amo você!

Como era bom escutar isso de meus pais, avós e irmãos. Era sincero o carinho deles, e eu até que repetia:

– Amo "ocês"!

E o amor foi ficando forte em mim e, como sempre, ele nos dá frutos de paz e alegria. Sei com certeza o quanto me foi e é importante ter conhecido, sentido e aprendido a ter esse sublime sentimento.

– Laura, querida, coma tudo para ficar forte!

Não estava com muita vontade, mas me esforçava, estava doente...

Os meus familiares eram de classe média, vivíamos com algumas dificuldades, que foram agravadas com o meu nascimento, porque lhes dava algumas despesas a mais. Nunca os escutei reclamar, não o faziam. Para eles, todo o dinheiro gasto comigo era bem empregado.

Procuraram todos os recursos para que eu melhorasse e eu melhorei. Com fisioterapias, tive mais coordenação, me alimentava bem sozinha, andava, aprendi a escrever meu nome e, se tivesse ficado mais tempo encarnada, aprenderia com certeza até a ler.

– Minha escola é "inda"!

Amava a escola que frequentava, lá todos me entendiam, eu brincava e aprendia. Queria aprender, ler como minha irmã Bela. Era a Isabela, linda e amável.

Tive três irmãos: Isabela, a mais velha, depois eu, e os gêmeos Evandro e Leandro. Todos eles me tratavam bem e com carinho. Eu era para eles a irmãzinha que tinha algumas dificuldades e que eles necessitavam ajudar e muito amar.

Íamos muito ao templo orar.

– Pai do céu, proteja nós todos!

Sempre fazia essa prece ao chegar, e alto. Todos me respeitavam, ninguém me repreendia por fazê-la. Era sincera minha prece. Não conseguia decorar as preces com muitas palavras e frases. Gostava de orar, de ir ao templo. E ir foi importante para mim.

– Vestido "novô"!

Ria alegre, era vaidosa e gostava de vestidos, gostava também de passar batom. Estava sempre com os lábios pintados. Com carinho, Bela passava em mim.

Embora deficiente e doente, porque tive sempre uma doença renal que muito me maltratava, fui muito feliz, pois fui aceita como era.

Sabia que era diferente. Sim, notava a diferença entre mim, meus irmãos e outras pessoas. Mas isso não me aborrecia, é estranho dizer o que ocorria comigo. A diferença me parecia normal. Sentia que tinha de ser. Achava-os bonitos, não me sentia feia, mas diferente. Talvez por eles, meus familiares, não me acharem.

– Laurinha, não faça isso! – dizia mamãe.

Era obediente, dócil, mas Leandro me ensinava a fazer artes. Quando fazia algo de errado, ele ria alto e eu o acompanhava na risada, como todos também. Leandro era travesso, mas muito amoroso.

A minha doença renal foi se agravando, embora sentisse dores, continuei dócil e alegre.

Vieram os sobrinhos. Gostei deles e eles de mim.

Os meus familiares me tratavam como a uma deficiente, e não como incapaz, tinham paciência em me ensinar, sem contudo fazer para mim o que me cabia. O que era capaz, tinha de fazer, e essa capacidade foi se ampliando!

Tivemos um cão, gostava de brincar com ele, éramos amigos e nos entendíamos. Quando adoecia e tinha de ficar dias no leito, Beija-flor, o nosso cão, ficava ao lado, alegrava-se quando eu me levantava. Foi um animal de muita estimação. Quando morreu, já velho, com quinze anos, chorei e senti muito. Ao vê-lo parado, frio e duro, quis que voltasse à vida, e pedi a mamãe:

– Faça, por favor, ele latir!

– Laura, Beija-flor morreu! Todos nós, filhinha, iremos morrer um dia. Nascemos para viver por determinado tempo aqui e depois vamos para o céu.

– Beija-flor foi para o céu? – indaguei.

– Não sei se os animais vão para o céu... Não se entristeça, compraremos outro.

Mas me preocupei com o fato, com a morte, se todos iam morrer, papai e mamãe iriam também.

– A senhora irá morrer como o Beija-flor? Vai me deixar?

– Sim, todos nós iremos morrer um dia. Voltaremos a ficar juntos.

– Não quero morrer...

Chorei desesperada. Tive de ir à psicóloga para me acalmar. Mas a morte me deu uma sensação de separação muito forte, de perda.

Desencarnei aos vinte e seis anos, depois de meses entre o hospital e minha casa. Fiz minha passagem tranquila como foi minha vida.

Os meus familiares sentiram muito minha falta e choraram bastante.

Minha avó desencarnada veio me ajudar.

Senti dormir para acordar disposta num outro hospital, ao lado de vovó Cleuza.

"Olá, querida!", disse vovó Cleuza. "Amo você! Que bom você ter sarado."

Sarei da doença renal e de outras complicações, mas ainda era deficiente. Mas foi por pouco tempo. Bem rápido, questão de dias, estava totalmente recuperada. Fixei as lições aprendidas: simplicidade, alegria, docilidade e obediência. Tanto que sentia a falta de casa e de todos, mas compreendi que agora viveria ali e não podia reclamar. Agindo assim, me acostumei rápido.

Fui levada, ao desencarnar, para o hospital do Educandário. Lá fiquei por dias, sendo tratada com muito carinho. Hospitais no plano espiritual são diferentes, lá só há melhoras, somos tratados com bondade, alegria e sem dores. Não existem tratamentos traumáticos ou doloridos.

Tinha horários para orar, escutar música e palestras pelo fone de ouvido. Os que lá trabalham têm o prazer de nos explicar qualquer indagação.

Ia muito ao jardim e nos reuníamos em grupos para conversar, trocar ideias. Isso é importante para todos os que estão se recuperando, não é bom se isolar. Conversando se aprende muito. Ficava no jardim por horas escutando-os, e eles a mim. Trocar ideias dos acontecimentos é gratificante.

Quando melhorei, fui morar com vovó, que residia com outros parentes numa casa linda na colônia.

Interessei-me muito na colônia pelos animais, que normalmente são pequenos, dóceis e não nos temem, porque todos os respeitam. Em algumas colônias há um espaço sempre perto do Educandário para os animais. Mas na maioria das colônias eles vivem soltos pelos jardins e pátio. Nas colônias que têm espaço próprio, é chamada área de lazer, e eu ia muito lá para brincar com eles, principalmente com um cãozinho, o Fofinho.

Quis saber o porquê de ter animais nas colônias, e minha mestra explicou-me:

"Laura, todos nós somos Criação Divina, e os animais também, dizemos que são nossos irmãos inferiores. Há os que vivem no corpo físico na Terra e há os que vivem como nós, no plano espiritual. Eles têm sido sempre úteis lá e aqui. Nesta colônia, o governador fez este espaço para eles perto do Educandário, para que ajudem nossos abrigados. E como têm ajudado!"

Gostei, amei e amo a colônia onde moro e, logo que me adaptei, passei a trabalhar e a estudar para conhecer melhor o mundo em que fui chamada a viver com a morte do meu corpo.

"Que lugar maravilhoso! Que bom estar com a senhora, vovó Cleuza!", dizia extasiada.

Após dias passeando, conhecendo tudo, entrei num curso para aprender a viver desencarnada.

Mas lembranças vieram, tanto da minha última encarnação, como do período em que vivi desencarnada da outra vez, e também da minha penúltima encarnação. Para entender sem me perturbar, fui por orientação de minha mestra ao departamento próprio e recordei tudo, como também recebi orientação para conviver com essas lembranças.

Na minha penúltima encarnação fui muito bonita, frívola e vaidosa, casei por interesse com um homem mais velho do que eu, que tinha dois filhos já mocinhos e quase da minha idade.

Resolvi aproveitar a vida e o fiz de modo errado. Logo estava em orgias, passei a usar drogas e a trair meu esposo, como também a dar drogas aos meus enteados; viciei amigos deles e meus. Gastava muito dinheiro para adquiri-las.

Meu esposo desconfiou e começaram as brigas. Um dia, ele me bateu, surrou-me com ira deixando-me muito machucada. Sabia que ele me amava e quis castigá-lo. Estava drogada e não pensei muito. Mas não queria morrer. Querendo recriminá-lo e puni-lo, tomei uma overdose. Ele saíra de casa após a briga, estava sozinha e passei mal. Quis pedir socorro, não consegui.

Desencarnei, fui tirada do corpo e levada para o umbral, onde fui vampirizada. Não entendia o que me acontecia e fiquei perturbadíssima. Vaguei por anos parecendo um zumbi, sendo vampirizada e vampirizando.

Então, um grupo de vingadores me pegou e levou para reencarnar. Esse grupo perseguia meus futuros pais, querendo castigá-los, me levaram para ser filha deles e, perturbada como estava, transmiti essa perturbação ao feto e nasci deficiente.

Como me foi explicado, se tivesse clamado por ajuda teria me recuperado no plano espiritual superior, num posto de socorro, numa colônia, porém não o fiz, nem passou pela minha cabeça que agi errado, nem pedir perdão, nem orar. E eles, meus pais, também na época imprudentes, tinham uma religião de fachada, de forma externa, não a frequentavam e oravam pouco, pensavam muito nos prazeres materiais.

Assim, esses vingadores acharam um modo de atingi-los: como minha futura mãe pretendia ficar grávida, colocaram-me ao lado dela, assim pude me colocar ao feto. Foi permitido que reencarnasse...

Mas foi um choque meu nascimento, não só aos meus pais, como a todos os familiares. Mas um choque que os levou a mudar de vida. Pensando que foi um castigo por seus erros, trataram de se melhorar. A primeira providência foi seguir, voltar à religião, a orar, e com isso passaram a vibrar melhor, saíram da faixa vibratória de seus inimigos desencarnados que não puderam mais atingi-los.

Os vingadores pensaram que castigariam meus pais, mas se enganaram, no começo sentiram, mas acharam soluções para o problema que era eu e conviveram bem com os problemas e comigo. Como também foi muito bom espiritualmente para eles, reencontraram na religião o bom caminho.

O mais interessante nesse fato é que não era ligada a eles, a ninguém dos meus familiares, pelo passado. Isso é importante, estar sempre aberto a novas amizades, a amar a todos.

Sentiram o meu desencarne, mas não me atrapalharam, entenderam que todos nós que estamos encarnados desencarnaremos um dia; e que esses dois fatos, encarnar e desencarnar, são muito importantes, que devemos ser bem compreendidos, assistidos e ajudados para que tenhamos facilidade nessas fases de nossa vida.

Recordar o passado me fez bem, pedi para saber daqueles que prejudiquei. Encontrei meu ex-esposo vagando no umbral. Ele teve remorso com a minha morte, mas esqueceu com o tempo, casou novamente e viveu muito tempo encarnado. Mas continuou sendo imprudente e foi por merecimento, ao desencarnar, para o umbral.

Pude saber de seus dois filhos, os que viciei. Com a minha desencarnação, assustaram-se, contaram ao pai, que os internou numa clínica. Com medo e vontade passaram a viver longe das drogas. Recuperaram-se, isso me tranquilizou.

Pedi para ajudar meu ex-esposo, foi-me permitido. Fui conversar com ele no umbral, não me reconheceu, para ele era uma amiga, a Laura.

"Laura", dizia ele, sempre, "por que você se preocupa comigo? 'Me dá' tanta atenção!"

"Sou sua irmã em Cristo, quero ajudá-lo! Reconheça seus erros e venha comigo."

"Não tive nem tenho erros, é injusto estar aqui e não quero ir com você. Não sei para onde irá me levar."

Por algum tempo o visitei, até que um dia o percebi cansado, disse-me:

"Você tem razão, não merecia ter outra vida. Fui rico, orgulhoso, só vivi em função dos prazeres carnais e materiais."

Logo depois pude levá-lo para um socorro, onde está se recuperando. Quer reencarnar e deve fazê-lo logo.

Eu não, quero ficar mais algum tempo no plano espiritual e quando reencarnar, se possível, fazê-lo entre meus últimos familiares, porque com eles aprendi a amar sendo amada. Como também sou grata às oportunidades que temos pela reencarnação!

Explicações de Antônio Carlos

Temos aqui mais um exemplo de que todos que agem com imprudência sentem suas consequências.

Laura era, na sua penúltima encarnação, muito materialista, pensava somente em desfrutar dos seus vícios e prazeres, comprometeu-se prejudicando seu corpo físico e lesando seu perispírito.

Como vimos, muitos fatos acontecem com imprudentes. Mas sempre sob a supervisão de espíritos superiores.

Esses desencarnados vingadores pegaram Laura e a levaram para que reencarnasse perturbada, porque sabiam que ela iria conseguir transmitir para o feto uma deficiência. Foi o que aconteceu, orientadores permitiram, sendo uma chance de melhoria a todos, de Laura e de seus pais. Poderia ter dado errado, os pais, não aceitando e rejeitando-a, continuariam imprudentes e na mira dos vingadores. Ainda bem que agiram com prudência e corretamente.

Vimos também que Laura recuperou-se rápido, foram dias no hospital onde se sentiu ótima. Essa recuperação não é igual para todos, depende de muitos fatores. Laura o fez porque não se sentia doente.

Como nos é importante sermos amados, mais ainda é aprender a amar, dar valor aos sentimentos alheios e nos fazer dignos sempre de ser cada vez mais queridos.

Os familiares de Laura entenderam bem que ela possuía um lugar na sociedade e que não era uma coitada e sofredora, fizeram de tudo para que ela fosse feliz, e foi.

Deficientes são o que são e não o que querem que sejam. Cada um deles tem a potencialidade que lhe é própria, e como nos surpreendemos quando são bem trabalhadas essas potencialidades! Normalmente eles nos pedem que reconheçamos isso e, quando o fazemos, se sentem úteis, ativos e contentes.

Lembremos que os deficientes têm aspectos limitados, mas que lhes são próprios, e deficiência não é a mesma coisa que incapacidade!

Carlos

FUI UMA PESSOA NORMAL até o acidente...

Estava eufórico com o meu boletim do segundo ano do colegial (atualmente, ensino médio), minhas notas eram as melhores de minha classe. Estava de moto, era cauteloso, ganhara a moto de aniversário do meu avô, não havia gostado muito do presente. Meu pai e meu avô amavam as motos, eu não, achava-as perigosas.

– Parabéns, Carlão, será uma fera no ano que vem, no vestibular!

Um amigo gritou, quando parei na esquina esperando o sinal abrir, atravessaria uma avenida movimentada de nossa cidadezinha pacata. Sorri ao amigo e respondi:

– Você também não foi nada mal, Teteco!

O sinal abriu e avancei, e uma caminhonete, desrespeitando o sinal, entrou com toda a velocidade e me atropelou, fui jogado longe.

Ouvi gritos que me pareceram distantes. Meu amigo Teteco correu, gritando:

– Carlos, pelo amor de Deus! Carlos!

O homem bêbado da caminhonete saiu correndo, fugindo.

Uma cena incrível, que creio que não esquecerei jamais. Olhei meu corpo caído, sangrando, vi o homem correr, pessoas gritando, meu amigo desesperado. Não senti nada, dor nenhuma, parecia alheio, entretanto, sabia o que ocorria comigo.

A ambulância chegou rápido, o acidente foi perto do hospital. Colocaram-me dentro dela, então as lembranças vieram:

Fui sempre muito amado e tive tudo o que quis, só que sempre quis pouco e tudo estava bem para mim. Sempre achei que tinha muito.

Era o mais novo de casa, tinha duas irmãs mais velhas, único filho varão, isso era importante para meu pai e meu avô, que teve só meu pai de filho. Papai e vovô sempre me deram tudo, talvez o que eles sonharam ter.

Fui uma criança dócil, adolescente ponderado, tinha muitos amigos, era querido.

Recordei-me primeiro de fatos que julgava esquecidos, do meu cãozinho Dourado, dos peixinhos do aquário, dos carinhos da vovó Esmeralda, a quem muito queria. Das festas de aniversário e a do meu último, quando ganhei a moto. Parecia que escutava meu avô dizendo:

"Carlos, meu neto, dou a você esta moto porque sei que é cuidadoso e ajuizado. Irá dirigir sem carteira de habilitação, mas quando tiver idade irá dirigir outra maior e mais possante."

E por fim, lembrei-me do Espiritismo. De como amava a Doutrina. Minha família dizia ter uma religião, porém não seguia nada.

Um dia passei pela praça, estava havendo uma feira de livros, e vi que era de livros espíritas, aproximei-me, curioso.

"Não quer folhear algum, meu jovem?" perguntou-me uma agradável senhora.

Respondi um sim com a cabeça e peguei um. Era o livro *Sinal verde*, de André Luiz, psicografado por Chico Xavier. Abri uma página e li. Gostei e comprei, achando-o muito barato.

Cheguei em casa e o li todo de uma vez. Gostei tanto que fui no outro dia e comprei mais dez livros. Comecei a ler, interessei-me, sabendo que Francisco, um colega de classe, era espírita, conversei com ele sobre o assunto e ele me convidou para assistir a uma reunião para jovens, no domingo.

Estava ansioso, cheguei ao local encabulado, mas logo essa encabulação passou, todos ali se tornaram meus amigos e, ao terminar o encontro, senti duas certezas: primeiro, que tudo aquilo, ouvido, comentado e que li, me era familiar. Segundo, que queria ser espírita e tornei-me um.

Os meus familiares não proibiram, não eram capazes de me proibir nada. Mamãe achou que aquela euforia passaria logo. Só que não aceitavam que eu falasse sobre o assunto.

"Instrutor Leonel!", exclamei, abraçando com força o amigo que se aproximou de mim.

Então vi, percebi, que me transformara em dois, um consciente, pensativo, e "outro", logo abaixo, deitado na mesa cirúrgica. Meu corpo físico estava sendo operado. O "eu" que pensava e sentia não tinha nem um arranhão.

Num impulso abracei aquele ser querido, não recordei quem era, só que o amava e que podia confiar nele. Éramos iguais, ou quase. Observando-o, notei que nossa diferença era que estava ligado ao meu "outro eu" por um cordão.

"Carlos, vim ajudá-lo!", exclamou ele com voz carinhosa.

"Irei desencarnar, Leonel?", indaguei, recordando o nome dele, éramos amigos de muitas existências.

"Seu corpo físico está muito machucado", respondeu ele.

Lembrei-me então que reencarnara com uma finalidade, ajudar os meus familiares a voltar à religião, a progredirem espiritualmente. Suspirei, para mim tudo parecia normal, estava calmíssimo, raciocinando rápido e consciente.

"Leonel, não consegui..."

"Não se preocupe com isso agora", falou sorrindo.

"Será que não dá para ficar encarnado mais tempo e continuar tentando?", perguntei esperançoso.

"Carlos, seu físico foi muito danificado. Você não o terá mais perfeito."

"Se desencarnar agora, meus familiares com certeza ficarão revoltados. Se continuar encarnado, mesmo doente, a dor fará com que eles busquem Deus. Deixe-me, Leonel, ficar mais algum tempo."

"Mais uns dez anos? Poderá ficar, mas repito a você, Carlos, que não terá mais o corpo perfeito. E você não precisa passar por isso."

"A dor é sábia companheira quando aceita", respondi tranquilamente. "Faço tudo isso por amor a eles e não será sacrifício."

Leonel sorriu, concentrou-se, e logo vi outros médicos chegarem; eram três do plano espiritual, desencarnados, que vieram ajudar os outros, os encarnados que me operavam. Senti sono e adormeci.

Acordei, senti dores e gemi.

– Graças a Deus, você acordou!

Escutei mamãe dizer e senti sua mão acariciar meu rosto.

Esforcei-me e abri os olhos, vi mamãe, que tentou sorrir para mim, vi aflição e piedade em seu olhar. Sentia dores, me doía o corpo todo e muito a cabeça. Vi uma enfermeira me aplicar uma injeção e adormeci.

Fiquei dias assim, sentia-me desconfortável acordado, dormia e encontrava com amigos desencarnados, conversava com Leonel, que me animava.

"Carlos", dizia ele, "calma, o corpo ferido dói, fique firme, paciência, você melhorará."

Saía do corpo com facilidade e me via como se fosse dois, eu, o ser pensante, consciente, e o meu corpo, deitado, imóvel. Prestei atenção no meu corpo e vi por que mamãe apiedava-se. Estava com a cabeça todinha enfaixada, pernas engessadas, peito todo machucado e a mão esquerda toda com pontos.

Leonel, vendo-me indeciso, explicou:

"Você, Carlos, está vendo tudo, seu corpo físico, porque está espiritualmente afastado dele. Vê com seu corpo perispiritual. Vê esse cordão? É o que liga você ao corpo físico."

Melhorei, sofri as dores com paciência, mas fiquei com o corpo deficiente. Meu cérebro, com traumatismo, também ficou com sequelas. Não lembrei de nada, só das pessoas. Esqueci muitas coisas, ou quase tudo, não lia, não escrevia, não falava, só ria e chorava.

A recuperação foi lenta, fisioterapias, exercícios, fonoaudiologia, psicóloga e muito carinho dos meus familiares.

Uma visita me alegrou. Ria... ria... Eram meus amigos da Juventude Espírita. Vendo-me tão alegre, mamãe pediu a eles que retornassem. Não só eles voltaram, mas outros, adultos, do nosso centro espírita. Eles, além de me reconfortarem com leituras, preces e passes, conversaram com meus familiares orientando-os. No começo, aceitaram por estarem desesperados. Depois se interessaram, raciocinaram sobre o que ouviram, acharam certos e muito bonitos os ensinamentos espíritas. Com o tempo passaram a frequentar o centro espírita e até me levavam, ia feliz. Meu espírito se regozijava por estar ali e recebia o conforto, energias que me faziam muito bem. Tornaram-se espíritas...

Voltei a andar com dificuldades, como também reaprendi a falar. Não reclamava dos muitos exercícios, mas só gostava da hidroginástica.

Anos se passaram, já lia novamente e escrevia com muita dificuldade. Continuei dócil, evitando dar mais trabalho.

Tinha um grande consolo e incentivo, com a minha permanência no corpo, meus familiares passaram a dar mais valor à vida, a orar e descobriram o Espiritismo como a religião ideal para eles. Meu sonho se realizou, continuaram a caminhada rumo ao progresso.

E amigos desencarnados me ajudavam, me desligavam do corpo físico quando dormia e conversávamos trocando ideias. Eles me levavam muito para o plano espiritual, onde me refazia, e onde aprendi muito.

"Meu Deus!", exclamava. "Como é bom ter o raciocínio perfeito!"

A sensação que tive encarnado, quando sadio, era como se estivesse preso a um corpo que não volitava e que tinha necessidades, mas com ele perfeito era mais confortável. Após o acidente, no leito, tinha impressão de estar preso num lugar pequeno, estreito e desconfortável. Mas o pior era a lesão no cérebro, que me impedia de entender, raciocinar com precisão. Era como saber fazer e não conseguir. Vi as pessoas fazerem, falarem, sabia que fui capaz e que não podia mais. Não conseguia, sentia minhas limitações.

Não foi uma sensação muito boa estar num corpo deficiente, mas também não foi ruim, foi uma sensação diferente em que a maior lição aprendida é dar valor ao corpo perfeito. Lembrava-me bem, quando desligado do corpo pelo sono, que foi escolha minha, e que recebia muito carinho e afeto dos encarnados e muita ajuda dos desencarnados.

A recuperação foi muito importante, sem cuidados me tornaria, talvez, como um vegetal.

Vivi deficiente mental por sete anos.

Um dia, nosso cachorro fugiu e atravessou a rua, saí para pegá-lo. Andava arrastando a perna direita. Corri do meu jeito, atravessei a rua sem olhar e novamente fui atropelado.

"Vem, Carlos, findou seu tempo!"

Leonel me disse com firmeza, mas de modo agradável, como sempre. Acostumado às visitas do meu amigo, dei-lhe a mão tranquilamente. Não senti dor nenhuma e desencarnei sem nenhum problema.

Acordei e reconheci o plano espiritual, procurei pelo meu cordão e não achei, lembrei do acidente. Leonel aproximou-se do meu leito.

"Bom dia, dorminhoco! Faz três dias que dorme aqui conosco."

"Pelo visto desencarnei mesmo!", respondi.

"Sim, você desencarnou, meu jovem!"

"E os meus familiares, como reagiram? Papai? Mamãe? Vovô?", indaguei preocupado.

"A situação agora é outra. Entenderam tanto sua vinda para o plano espiritual que até fizeram questão de conversar com o motorista e isentá-lo da culpa. Eles, seguindo o Espiritismo, são ajudados. Agora eles têm a compreensão da morte do corpo."

De fato, nem os senti chorar, sei que o fizeram, mas o pranto de dor sem revolta não nos perturba.

"Leonel", disse, "quero lhe agradecer. Sou profundamente grato a você."

Meu amigo sorriu em resposta. Amigos nem sentem quando fazem favores. Lembram só os que recebem.

Encantei-me de viver no plano espiritual, na colônia em que fui abrigado. Sou muito feliz porque consegui o que queria, que os meus familiares progredissem espiritualmente.

Ao reencarnar, meus planos eram outros. Ligados aos familiares por afeto sincero, quis que eles retornassem à caminhada para o progresso. Reencarnei entre eles com planos de ajudá-los. Iria com certeza ser espírita e convencê-los a ser. Mas houve o acidente, tirando-me a possibilidade de continuar com o corpo perfeito. Temendo não ter outra chance, quis ficar e me foi permitido. E minha permanência foi útil para eles e principalmente para mim. Cresci muito espiritualmente, fortaleci-me na fé, na paciência e no amor.

No meu passado recente, nada tinha de reparar. Mas, a muitas encarnações passadas, me vi num carro de guerra, puxado por dois cavalos a passarem em cima dos feridos, no solo. Chorei ao recordar esse fato, talvez isso tenha ficado em mim como algo a resgatar. Vendo-me triste, Leonel me explicou:

"Carlos, você também deve lembrar de uma outra encarnação sua, que como prático em medicina cuidou de feridos de guerra por muitos anos e que reparou com amor e trabalho o que havia feito de errado. Recordamos mais facilmente as encarnações em que erramos e que nos fizeram sofrer. Mesmo com compreensão e reparando, você quis ainda sofrer a dor igual à que fez outros sofrerem. Daí o motivo para os dois atropelamentos. O primeiro acidente foi por imprudência de um homem bêbado que estava correndo e fez de seu veículo uma arma. No segundo, você, distraído, atravessou a rua atrás de seu cachorro. Nem você nem o motorista tiveram culpa."

"Se não fosse esse acidente, iria viver muito ainda encarnado?", perguntei ao Leonel.

"Você desencarnaria mais ou menos dentro de três anos, quando seu coração sofreria um infarto."

Trabalho com jovens, sou, após estudos, um instrutor no Educandário. Minha classe é para jovens que voltaram à pátria espiritual de modo violento.

Visito meus familiares com frequência, vejo contente que minha permanência na carne com deficiência não foi em vão, deu certo. E o primeiro a saborear os frutos fui eu mesmo.

Explicações de Antônio Carlos

Foi uma escolha difícil a de Carlos ficar no corpo deficiente. Fez por amor aos seus familiares. Ele reencarnou com o objetivo de ajudar seus entes queridos espiritual-

mente e iria fazê-lo, sem dúvida. Mas houve o acidente. Como a imprudência nos deixa sequelas e como pode prejudicar os outros!

Carlos foi o prejudicado, embora saibamos o tanto que motos são perigosas e o tanto de acidentes que têm acontecido, resultando em desencarnes precoces.

Creio realmente que nosso sofrimento é amenizado quando o aceitamos. Carlos sofreu as dores e as limitações sem reclamar, esforçando-se ao máximo para não ser um transtorno.

A dor nos ensina, e ele aproveitou bem as lições.

Tenho visto alguns espíritos pedirem para nascer deficientes mentais, alegando querer ajudar entes queridos, chamá-los à responsabilidade para a vivência espiritual. Mas esse não é o melhor caminho, fazemos, ajudamos, orientamos, quando de posse de todas as capacidades. Espíritos superiores, estudiosos, não dão essa permissão, mas sim, instruem quanto ao melhor modo de auxiliar. No caso de Carlos, foi muito ponderado. Leonel analisou bem e verificou que a desencarnação dele naquele momento iria desesperar e revoltar seus entes queridos e ajudou Carlos a ficar no corpo; e ainda bem que deu certo.

Nem sempre essa escolha pode ser feita. Carlos pôde por ser um espírito que já começava a compreender as verdades eternas e por não ter o acidente por débito. Ele tinha reparado seu erro diante das Leis Divinas. Também isso não é possível quando o corpo é totalmente danificado.

E também nem sempre o acidentado tem poder de escolha e espíritos bons e capazes ao seu lado.

Só em raríssimas exceções temos visto casos como o de Carlos, ser deficiente sem ser por débito, porque somos muito mais úteis capazes de fazer o que nos compete e cientes de nossas posses intelectuais.

Não sentiu Carlos, ao desencarnar, reflexos de seu corpo doente. Sentiu-se sadio porque seu espírito o era. Esse fato acontece com pessoas desapegadas e com as que aceitam a doença e a dor com entendimento. Ao desencarnar, estava sadio, sua doença foi para o período encarnado.

Como é bom ver pessoas que foram doentes e deficientes acordar, após a desencarnação, no plano espiritual sadias, dispostas e felizes, porque fizeram por merecer!

Daniela

BALANÇAVA O CORPO. Sentia uma sensação estranha, diferente, parecia que o vai-e-vem do meu movimento era como a cadência de um relógio. Era como se incentivasse o tempo a passar. Mas o tempo para mim não existia. Tanto fazia se era noite, dia, frio ou calor, mas claro e escuro fazia diferença, não gostava do escuro, tinha pavor e grunhia. Sim, o termo certo é grunhir, porque fazia um barulho sufocado que saía da garganta e que podia assustar quem não estava acostumado.

Podia falar, se quisesse, sabia fazê-lo, porém raramente o fazia. Nada me parecia importante para responder.

Escutar? Sim, porém na maioria das vezes me fechava tanto dentro de mim que não registrava nenhum barulho estranho.

– Dany! Daninha! Daniela! Olha para mim! Está me escutando?

Mamãe, às vezes, se irritava, começava falando baixo, ia aumentando o tom de voz até gritar. Olhava para ela indiferente.

Agora, anos após ter desencarnado, já recuperada, tento descrever o que sentia no período em que estive em corpo autista.

Vou escrever o que recordo juntamente com explicações que tive após ser curada.

Sofria, não era feliz. Parecia que vagava, às vezes queria concretizar um exercício, quando alguém falava comigo, mas era rápida essa sensação. A maior parte do tempo estava vazia, completamente vazia.

Agora, me parece que eu era oca, nada tinha por dentro. Às vezes, além de não entender, não enxergava. Ou melhor, via e não percebia. Era assim: estava na sala, via tudo o que havia nela, mas não registrava, ou melhor, não entendia o que via.

Nasci numa família de classe média, tive dois irmãos e uma irmã, todos perfeitos e sadios. Não os amei, às vezes me eram tão indiferentes que nem os reconhecia. Outras vezes, sim, me alegrava em vê-los e até respondia alguma coisa.

– 'Ta' bom! Dani...la!

Raramente respondia com sentido o que me fora perguntado.

Ora ria, ora chorava, às vezes instintivamente, ria por achar bom, chorava por doer algo.

Papai me amava muito, tinha paciência comigo, cuidava de mim com carinho. Mamãe aceitou-me, talvez porque as pessoas achavam que ela deveria me aceitar, afinal era sua filha.

Era bonita, cabelos castanho-dourados, olhos verdes, traços perfeitos, só que era miúda e magra.

Às vezes me alimentava bem, outras me era imposto.

– Coma, Daniela, por favor! – implorava mamãe ou uma das empregadas que a ajudavam a cuidar de mim.

Dificilmente fazia algo sozinha, tinham que me ajudar em tudo. Trocar, alimentar, banhar, pôr para dormir, levantar da cama. Só uma coisa fazia sozinha, nadar.

Gostava de nadar. Mas esse gostar era para algo que me chamasse mais atenção. Era estranho, sabia fazer e o fazia quase que instintivamente. Caía na água e saía nadando e o fazia até, se deixassem, a exaustão.

Quando eu era pequena, mamãe me levou para aprender a nadar. Todos estranharam, reagi e aprendi. Não tinha estilo, mas o fazia bem.

Papai construiu uma piscina em casa, e eu nadava três vezes ao dia. Mas havia dias que estava tão fechada em mim mesma que não queria nem nadar. Se me jogassem na piscina, morreria afogada. Nesses dias era como se fosse uma máquina, não reagia a nada, nem à dor.

Recordo menos esses dias. Era um enorme vazio. Um vazio tão grande que me parecia ser nada... Um vazio que doía...

Mamãe cuidava de mim, me banhava, perfumava, me vestia com bonitas roupas que me eram totalmente indiferentes.

Tive poucos problemas de saúde e vivi por muito tempo.

Meus irmãos casaram, ficamos papai, mamãe e eu em casa.

Meu pai se preocupava comigo, era ele o único a me mimar. Até ao carinho dele eu era indiferente. Não me importava com nada.

Ele desencarnou repentinamente por um infarto, mamãe sentiu muito. Ficamos só nós duas.

Mas meu pai, sem preparo para esse fato tão importante em nossa vida que é a desencarnação, voltou para junto de nós, para nossa casa. Tinham uma religião, falavam que tinham, sem, porém, frequentá-la ou segui-la. Nunca me levaram ou oraram por mim. Embora eu fosse indiferente a tudo, isso me fazia bem. A oração sempre faz bem ao nosso espírito. Era indiferente à maioria dos atos externos, mas recebia fluidos. Orações são boas a todos nós.

Papai voltou perturbado, tumultuando nossa casa. Mamãe havia ficado confusa com a morte de meu pai e ficou ainda mais. Eu a sobrecarregava de trabalho.

Às vezes, via meu pai, mas me era indiferente, não havia entendido o que se passara em casa. Ele tentava me ajudar, agia como se estivesse ainda encarnado.

Foram anos de confusão. Ele exigia que mamãe cuidasse melhor de mim, ela sentia mal-estar e vivia em médicos.

Mamãe ficou realmente doente.

– Ah, Daniela, estou doente, e você assim parada, indiferente.

– Daniela ama você! – disse me esforçando.

– Puxa, Daniela, é verdade? Que bom! Bem que podia reagir e, em vez de ser ajudada, me ajudar, necessito tanto!

Olhei-a curiosa, foi uma sensação rápida, passou e voltei a balançar o corpo, indiferente a qualquer coisa.

Mamãe estava com câncer. Foi então que um grupo de senhoras religiosas passaram a visitá-la, orar por ela, e foi por meio desse grupo que meu pai foi socorrido e afastou-se do nosso lar.

Mamãe piorou, e muito. Meus irmãos decidiram internar-me numa clínica. Fui indiferente. Mamãe chorou ao despedir-se de mim.

– Daniela, minha filhinha doente, vá, meu amor, se eu sarar buscarei você.

Minha irmã me levou e lá fiquei.

Bem, a situação de minha família havia piorado financeiramente com a morte de papai. Tiveram de fazer economia para tratar de mamãe, que estava com câncer. Reuniram-se meus três irmãos, resolveram me internar numa clínica mais barata, que poderiam pagar. Mamãe desencarnou meses depois após muitos sofrimentos. Venderam a casa em que morávamos e deixaram o dinheiro depositado para ir pagando minhas despesas.

Embora indiferente, senti falta de casa, da piscina e dos cuidados que recebia. Eu era uma doente a mais na clínica.

Lá, fui até estuprada, ainda bem que não fiquei grávida, estava com quarenta e dois anos quando esse fato ocorreu. O médico que cuidou de mim até chorou, penalizado. Investigou quem fizera esse ato infame.

– Quem, Daniela, fez isso com você? Por favor, quem o fez? – indagou ele repetidamente.

De repente, respondi, disse compassado:

– Seu Dito...

Fora o jardineiro, o qual foi mandado embora na hora. A clínica não queria escândalo, nem chamaram a polícia nem falaram para os meus familiares. Eu não falei mais nada sobre o assunto.

Mesmo agora, ao recordar, é estranho, não tenho como descrever o que senti, o que passei. Repugnei-me com as grossas mãos passando sobre mim. Senti dor, muita dor. Quando ele me deixou, chorei e voltei a balançar.

Meus irmãos iam raramente me ver, minha irmã ia mais.

– Quero ir com você, por favor! – consegui dizer, pedi a ela.

– Não posso, não temos condições, Ronaldo, meu marido...

Não ouvi mais. Não gostava da clínica e me isolei mais ainda.

Estava fraca, comecei a adoecer, tomei muitos remédios, estava com quarenta e seis anos quando tive pneumonia. Não resisti e desencarnei.

Meu pai, após o socorro que teve, entendeu que desencarnara e ficou no plano espiritual me aguardando, ele vinha sempre me visitar. Mamãe foi socorrida ao desencarnar. Quando desencarnei, os dois estavam bem e me receberam. Isso me ajudou muito.

Desencarnar, para mim, foi como dormir e acordar em outro local. Alegrei-me ao ver papai e mamãe. Sorri para eles. Abraçaram-me saudosos.

"Filhinha", disse papai, "você não voltará mais àquela clínica. Ficará conosco."

"Que bom!"

E me fechei novamente.

Demorei a me recuperar. Reagi primeiro às orações:

"Pai Nosso..."

E recitei inteira a oração que Jesus nos ensinou.

Papai e mamãe moravam numa casa na colônia, fui morar com eles. Papai me deixava todos os dias pela manhã no Educandário, onde recebia aulas. À tarde voltava sozinha.

Amo muito o plano espiritual, a colônia, e a tenho por lar. Para mim, viver desencarnada é bem mais fácil, mas foi na minha última encarnação que encontrei os obstáculos a serem vencidos.

Estou recuperada, embora ainda às vezes, diante de um problema, me isolo, mas sou chamada à responsabilidade. Tenho de enfrentar qualquer problema.

Papai, um dia, me falou por que fui autista na minha última encarnação.

"Há muitas encarnações, você, minha filha, tem agido com muito egoísmo. Você foi rica na penúltima encarnação, enriqueceu com egoísmo e avareza. Você foi homem e odiou as mulheres, achava-as inferiores e feitas só para servir os homens. Viveu como miserável e nunca deu conforto aos seus familiares. Sua esposa ficou doente e morreu à míngua, não lhe comprou um remédio. Quando enviuvou, você estuprou uma filha que julgava solteirona. Os filhos saíram de casa e você ficou sozinho. Um dia, um de seus filhos, tendo o filhinho doente, foi lhe pedir ajuda, dinheiro para tratá-lo, e você negou. Seu neto morreu e seu filho o odiou. Sua esposa, revoltada, negou ser socorrida e, perturbada, veio se vingar. Obsediou-o.

"Desencarnou na miséria, sendo rico financeiramente. Os filhos nem acreditaram quando encontraram ouro e pedras preciosas na sua ex-casa.

"Você foi para o umbral e ficou a vagar, vendo à sua frente ouro e ouro...

"Fechou-se em si mesmo. Socorrido, não reagiu ao tratamento e voltou a reencarnar. Sua antiga esposa foi sua mãe, e eu, o filho a quem negou dinheiro para salvar o seu próprio neto."

Papai finalizou a explicação, quietamos, envergonhei-me e minha primeira reação foi me isolar.

"Basta!", disse enérgico meu pai. "Chega de fugir do problema. Fez e está feito! O importante é não fazer mais."

Reagi. Fiz um propósito de ser útil. Passei a trabalhar e muito! Mas faço com gosto e prazer. Sou enfermeira no hospital da colônia e gosto muito de ouvir as pessoas, entendi que cada um tem uma história de erros e acertos.

Não me escondo mais, não me refugio mais. Tenho planos de reencarnar e ser enfermeira, cuidar de doentes com todo carinho, como faço atualmente.

Quero enfrentar meus problemas e ajudar os outros a enfrentarem os deles, porque só somos felizes quando deixamos de ser egoístas e compartilhamos as alegrias e as dores do nosso próximo. Não quero mais ser egoísta. Quero amar e compartilhar.

Explicações de Antônio Carlos

Temos visto autistas reagirem de muitas maneiras. Nem todos se sentem como Daniela. Muitos pensam, alguns até veem lances de sua vida passada. Outros querem responder, mas não conseguem. É uma doença cerebral. Mas, mente sã, espírito são, corpo sadio, mente com toda a capacidade possível.

Normalmente, mas sem ser regra geral, o autista foi tremendamente egoísta a ponto de enxergar só a si mesmo.

O egoísmo é uma doença, terrível doença, que primeiro prejudica espiritualmente e depois se manifesta fisicamente.

Daniela foi egoísta e avarenta em sua encarnação anterior, veio, nesta, autista. Contudo ela ainda tem de reparar seus erros, e a oportunidade está aí, poderá reencarnar e dessa vez realizar seus planos de lutar contra o egoísmo. Só poderá dizer que não é mais egoísta quando provar a si mesma. Mas depois de muitas lições esperamos que saia vitoriosa.

Tudo deve ser feito para a recuperação do autista. Amor é fundamental, carinho, exercícios, medicamentos, fisioterapias etc. A reação pode ser lenta, mas todos reagem, uns mais, outros menos. É importante a recuperação.

Conhecemos muitos autistas que têm levado uma vida com limitações, mas com muitas capacidades.

Também sentimos a preocupação, às vezes até aflições, de muitos pais em relação aos filhos deficientes, de como deixá-los após suas desencarnações.

Lembro que todos nós somos filhos de Deus, e ninguém é órfão de Seu amor. Passamos por dificuldades que são aprendizado, mas não devemos nunca nos sentir abandonados.

Não devem se preocupar, portanto, o tempo passa acertando o que nos parece incerto. Tudo é passageiro.

Vimos neste relato que o pai de Daniela não aceitou a desencarnação e, preocupado com a filha, voltou ao lar terreno sem preparo e só agravou a situação.

Ele, sem querer, piorou o estado dela, perturbou o lar e a esposa. A mãe de Daniela sentiu terrivelmente o fluido perturbador do esposo.

Por mais que a situação no antigo lar nos pareça difícil, não devemos nos desesperar a ponto de voltar ao ex-lar sem ordem.

O papai de Daniela foi carinhoso, fez o que lhe competia quando estava encarnado e quando pela desencarnação se viu impossibilitado de continuar fazendo deveria ter se conformado.

Todos que têm uma responsabilidade deveriam agir assim, fazer tudo o que lhes compete quando podem e não se preocupar quando tiverem de deixar algo por fazer. Para tudo há solução. Problema aceito é quase resolvido.

Vocês, pais de filhos deficientes, não devem se preocupar em excesso. Façam o que lhes compete com amor, tentem resolver tudo do melhor modo possível com planos de como deverão ficar os rebentos doentes.

Lembro-os que a desencarnação é para todos e que se encontrarão novamente no plano espiritual. A vida continua!

Júnior

TIVE UMA VIDA NORMAL dentro das minhas limitações. Eram muitas, mas não as sentia. Era mimado, embora às vezes papai se irritasse:

– Menino idiota! Retardado! Imbecil! Um filho só e imprestável!

Mamãe me defendia:

– Deus o fez assim! Não fale desse jeito! Senão, não faço sua comida predileta!

Papai e mamãe às vezes discutiam, sempre era por minha causa. Mas não chegavam a brigar. Só o fizeram nas duas vezes em que ele me bateu.

Não gostei de ser surrado nem entendi bem o porquê.

A primeira vez que papai me surrou, foi porque saí com ele e o envergonhei diante de um amigo.

– Papai, este homem não é aquele que lhe deve dinheiro e não paga? Que o senhor disse que é um bolha? Mal-educado?

Nem fomos aonde tínhamos que ir, voltamos e, em casa, ele me surrou. Mamãe me defendeu:

– Se você não quer que ele repita é só não falar perto dele. Se Júnior o envergonha é só não sair mais com ele. Você é desnaturado, se envergonha do próprio filho.

– Queria que ele fosse diferente. Inteligente! – falou papai.

– Mas ele não é! – gritou mamãe.

A segunda surra foi porque quebrei suas garrafas de vinho.

– Burro! Burro! É isso que sempre foi e é! – gritou ele, enfurecido.

Chorei, doíam as chineladas, mas aquele dia chorei mais sentido. Mamãe me consolou:

– Júnior, não chore, por favor!

– Mamãe, por que não sou como papai queria que fosse? Por que sou burro? Queria fazer tudo o que ele quer. Fazer tudo certinho!

– Você é nosso único filho. Nosso amor! Papai não irá mais bater em você.

Para que todos entendam bem, vou parar com minhas lembranças e explicar como vivíamos.

Papai e mamãe se casaram com mais idade. Minha mãe não engravidava, só o fez após um longo tratamento, e eu nasci com Síndrome de Down. Os dois cuidaram muito de mim. Papai era um tanto ranzinza, viva reclamando e criando casos, desavenças, ora com a família, ora com os vizinhos ou com os poucos amigos que possuía. Não tinha muita paciência comigo. Logo pequeno fui para a escola especial, para onde gostava de ir e me sentia à vontade, normal, porque, como via outras pessoas como eu, perdia a sensação de ser diferente.

Meus pais saíam pouco de casa. Tínhamos de tudo no apartamento. Quando nasci, os dois já eram aposentados. Papai ainda trabalhou muito tempo como eletricista, mas depois, cansado, doente, parou de trabalhar e ficava muito em casa, com mamãe.

Vivíamos um tanto isolados, meus pais tinham alguns bens, outros apartamentos e dinheiro no banco. Nada nos faltava e eles ajudavam muito minha escola.

Meu pai teve uma só irmã, que faleceu há tempos, e um sobrinho, José, que ia às vezes em casa e aguentava educadamente o mau humor de papai. José era o único da família com quem papai combinava e confiava.

Meus pais preocupavam-se muito comigo.

– Se morrermos, como Júnior irá ficar? – indagavam sempre.

– Comigo, tio – respondia José.

Não gostava muito de José, por mais que ele me agradasse.

Bem, José convenceu papai a fazer um testamento deixando tudo para mim como usufruto, e após minha morte tudo ficaria para ele.

Papai, achando que essa era a única solução, ou a melhor, fez esse testamento e formalizou tudo como manda a lei.

Ia à escola, aprendia muito, fazia "contas" matemáticas com rapidez e de cabeça. Não sabia fazer no papel. Só de cabeça. Respondia rápido todas as indagações a esse respeito:

– 228 x 13?

– 2964 – respondia, sorrindo.

– Puxa, que rapidez! É fantástico!

As pessoas exclamavam admiradas, mas só fazia isso quando queria, se não estivesse com vontade não respondia.

Ia à escola pela manhã e só voltava à tardinha. Lá fazia exercícios, fisioterapia, trabalhava nas oficinas e estudava.

Estava com quarenta e nove anos quando desencarnei.

Naquele dia, José nos trouxe bolo e guaraná.

– Trouxe para vocês este bolo gostoso e este refrigerante. Trouxe para que experimentem! – disse José sorrindo.

– É diferente – disse mamãe –, um tanto amargo.

– É tarde, José. Por que veio aqui há esta hora? – perguntou papai.

– Saí do trabalho mais tarde. Comprei isso para vocês. Sei que Júnior gosta muito de guaraná. Não sei vir aqui se não trouxer algo para ele. Mas um amigo me reteve com conversas. Fazia tempo que não nos víamos. Mas já vou. Não toma tanto guaraná, Júnior, deixe seus pais tomarem um pouco!

Colocou o refrigerante no copo de papai. De fato, José sempre que vinha nos ver trazia algo para mim. Gostava de comer e de refrigerantes.

Comi o bolo, tomei o guaraná e fui dormir. Acordei com dor forte no abdome, e também com muita moleza.

Suava, acho que tentei vomitar, não lembro bem. Esse mal-estar foi por minutos, fui esfriando e ficando duro e dormi de novo para acordar tranquilo no plano espiritual, na colônia, num hospital.

Tratando-me com muito amor e carinho, falaram que desencarnara, que meu corpo morrera.

– Melhor! Papai e mamãe preocupavam-se tanto, sentiam-se velhos para cuidar de mim.

Interessei-me logo pela vida de desencarnado. Mas não estava tranquilo. Sentia que papai e mamãe não estavam bem.

"Ora", disse um colega, "você desencarnou e quer que seus pais, já velhos, estejam bem!"

"Não é isso", respondi, "parece que sofrem por mais coisas, não só por mim."

Fiquei mais inquieto ainda. Já fazia dez meses que estava no plano espiritual e já fizera muito progresso. Recuperava-me bem, já entendia tudo bem melhor.

"De que você desencarnou, Júnior?"

"Dormi, não sei..."

"Como não sabe?", falou um colega me indagando. "Isso é fundamental! Todos desencarnam de alguma coisa. Se não sabe, está na hora de saber. Pergunte ao nosso instrutor, ele sabe de tudo."

Indaguei, e ele me contou:

"Júnior, você já está bem e deve saber tudo o que aconteceu no seu lar. Você sabe bem que seu pai tem o gênio um pouco difícil, vivia reclamando de você e da vida. José não gostava dele nem de vocês, mas aguentou as humilhações de seu pai por interesse. Convenceu seu pai a fazer um testamento, deixando tudo para você e nomeando-o seu tutor; como também na sua desencarnação, ele teria a posse de todos os bens de vocês. Mas não teve paciência de esperar. Seus pais pareciam fortes e você sadio, receou que demorariam muito a morrer. Resolveu antecipar, então, a morte de vocês e planejou tudo muito bem, pensando em todos os detalhes.

"Um dia, José chegou em sua casa e comentou:

"'Tio, está havendo um concurso de redação na fábrica em que trabalho. O tema é livre, mas tem de ser trágico, fúnebre. O senhor não quer escrever algo para mim? Faz tão bem!'

"'Não sei...', respondeu seu pai. 'Que escrevo?'

"'Que tal o senhor escrever como se tivesse matado Júnior e titia, e após fosse se suicidar? Não é macabro?'

"'É, a ideia é boa! Vamos lá, escrevo para você. Digo na redação que estamos velhos e que os mato para que não sofram, pois Júnior não iria sobreviver sozinho, retardado como é.'

"Escreveu algumas linhas só que não assinou.

"'Não está bom, não estou com inspiração', reclamou seu pai.

"'Está bom sim, titio, obrigado, deste pedaço faço mais e deverá ficar muito bom.'

"Pegou a folha e a guardou.

"José começou, sempre que ia visitá-los, a levar presentes, quase sempre alimentos, e dizia que eram para você, mas oferecia a todos. Só que não comia, dizia estar de dieta, que era diabético.

"Assim, todos se acostumaram com os presentes e com ele não comer nada. E sempre tinha muita cautela nessas visitas, evitava ser visto pelos vizinhos.

"'Tio', disse ele um dia, 'estou com ratos em casa. É uma peste!'

"'Sei de um bom remédio. Compre e use em sua casa e eles acabarão logo', respondeu seu pai.

"'O senhor não quer comprar para mim? Deixo-lhe o dinheiro e na semana que vem eu pego.'

"'Compro sim, vou até a loja onde sou conhecido e adquiro para você. José, tome cuidado, o remédio é forte, é doce, não deixe as crianças pegarem.'

"Seu pai comprou o remédio e deu para seu sobrinho, José. Este, achando que tudo iria ocorrer como no seu plano, o executou.

"Ele colocou veneno no guaraná juntamente com um remédio de dormir e os visitou escondido para não ser visto, como sempre fazia. Após servir vocês e como de costume não experimentar, deixou, antes de sair da casa de vocês, a folha que seu pai escreveu, aquela que ele falou que era para o concurso, o qual nunca existiu.

"Você, como tomou mais, teve morte súbita. Sua mãe teve logo sono e foi dormir, sentiu-se mal, chegou até a chamar seu pai, que não pode acudi-la por estar impossibilitado de sair do sofá.

"Desencarnaram vocês três."

"Que horror!", exclamei. "Como José pôde fazer isso? E por dinheiro? Mas se eles, meus pais, desencarnaram, por que não estão aqui? Não os vejo?"

"Bem, Júnior, nem todos que desencarnam vêm para cá. Ser socorrido depende de muitos fatores. Vou lhe narrar o resto dos acontecimentos. Seus corpos foram achados três dias depois. Uma vizinha, ao sentir mal cheiro, chamou por sua mãe batendo na porta e como ninguém respondeu ela chamou o zelador, que abriu o apartamento, então viram vocês três mortos. Chamaram a polícia, que diante dos fatos e da carta, concluiu que seu pai os matou e se suicidou. José foi avisado, fez os enterros e tomou posse dos bens de vocês.

"Mas, sempre há um mas, se José achou que cometeu um crime perfeito, enganou-se. Seus pais acordaram perturbados e logo descobriram tudo e passaram a obsediá-lo com ódio. Eles julgam que você está encarnado e preso em algum lugar."

O instrutor deu por finalizada a narrativa. Eu chorei tristemente. Meu mestre deixou que chorasse, quando me senti melhor, indaguei-o:

"Será que tudo isso que nos aconteceu foi consequência do nosso passado? De nossas vivências anteriores? Por que, professor, eu sabia fazer "contas" de cabeça? Por que fui um deficiente?"

"Você, Júnior, foi na encarnação anterior um negociante de escravos e fazia "contas", operações matemáticas, com rapidez para não ser enganado nas negociações, fazer isso era motivo de orgulho para você. Você não agiu com bondade com os escravos que negociava. Quando desencarnou, foi perseguido por muitos anos. Socorrido, não se recuperou, as perseguições e o remorso danificaram seu perispírito, que transmitiu sua perturbação ao corpo físico, assim reencarnou doente."

"E meus pais?", quis saber.

"Seus pais foram os mesmos da penúltima. Os dois, para ficar com a fortuna de um irmão de seu pai, o mataram envenenado. Este irmão foi o José. Desencarnou revoltado, mas tempos depois foram socorridos. Estando todos no plano espiritual, ele disse que os perdoara, mas certamente não o fez de coração, porque, quando reencarnou, o ódio ressurgiu, e planejou esse trágico crime com detalhes. Nesta encarnação ele iria receber tudo de volta, logo que todos vocês desencarnassem. E ele não iria esperar muito, seus pais estavam para desencarnar e logo após você também o faria."

"Como é ruim não perdoar!", exclamei. "Agora são meus pais que o odeiam. Se não acabar com esse ódio, será sempre um a matar o outro. Será que não poderei ajudá-los?"

"Você quer? Então irei pedir por você. Se receber permissão, irei com você, e tudo faremos para seus pais entenderem."

Tivemos permissão, nos foram dados vinte dias para que, por horas, pudéssemos ajudá-los.

Fui encontrar com eles com ansiedade. Quis ver primeiro o apartamento em que morávamos. Este fora vendido, tudo modificado, não os encontramos lá, e sim na casa de José.

Meu primo estava adoentado, estava tendo terríveis dores de estômago e sufocação. Sentia os fluidos de meus pais, que se instalaram em sua casa. Meus genitores estavam fazendo a esposa dele ter ódio, e as brigas eram constantes. Como também a filhinha deles, de três anos, a mais sensitiva, sentia os maus fluidos e não estava bem.

"Júnior, para que eles nos vejam, é necessário mudarmos nossa vibração, vou ensinar a você como se faz."

Alegraram-se em me ver, nos abraçamos comovidos, estavam perturbados, agora eram eles que não entendiam bem. Expliquei a eles:

"Vejam bem, essa menina está encarnada, tem o corpo de carne, como nós tivemos, eu e os senhores. Mas fomos mortos, isto é, desencarnamos e agora vivemos como espíritos."

"Então você também morreu?", indagou mamãe, assustada.

"Sim, desencarnamos juntos."

"Por que você não ficou conosco, se morremos juntos?", quis saber papai.

"Porque não tive raiva ou ódio e pude ir para um lugar maravilhoso, fui socorrido e aqui estou para ajudá-los."

"Então você perdoou José?", perguntou papai, indignado. "Você sabe o que ele nos fez?"

"Sim, sei", respondi tranquilamente.

"Perdoou? Só podia ser você! Um retardado!"

"Não, papai, não sou mais doente, sarei. Perdoei porque entendi que devemos perdoar sempre para termos paz e sermos felizes. Gostaria tanto que os senhores perdoassem também."

"Nunca irei perdoá-lo, ouviu bem?", disse mamãe, chorando. "E muito me admira você, nosso filho único, ter perdoado. Você não nos ama. Ele nos matou e você quer que tudo fique por isso mesmo!"

No momento em que ouvi isso, ajudá-los me pareceu uma tarefa impossível. Mas não desisti, orei e me enchi de esperança, amava-os e queria que estivessem bem, e eles só estariam como todos que se sentem bem se perdoassem.

E durante vinte dias ficamos hospedados num posto de socorro perto da crosta a visitá-los por horas. Usamos de todos os argumentos possíveis, disse-lhes sobre o passado, o que eles fizeram anteriormente a José. Duvidaram.

Venceram os vinte dias e me despedi deles.

"Papai, mamãe, agora não poderei mas vir vê-los todos os dias. Tenho de ir embora, voltar para minha escola, para minha vida, num lugar muito bonito. Quando os senhores perdoarem José e quiserem vir comigo, peçam com fé e serão atendidos."

"Filho ingrato!", disse mamãe. "Abandona-nos agora que sarou. Desejei tanto que sarasse e que fosse nosso companheiro."

"Não, mamãe, não sou ingrato", disse chorando, "amo--os e nunca os abandonarei. O lugar onde estou abrigado tem ordem e disciplina, me deram vinte dias para tentar ajudá-los, não consegui convencê-los a perdoar, então terei de partir, tenho de ser obediente."

Voltei um tanto triste, mas logo arrumei uma aliada, e das fortes. Minha avó, mãe de mamãe, que começou a ir sempre vê-los e falar com eles. Depois também recebi uma grata notícia:

"Júnior", disse meu instrutor, "você teve permissão de ir até seus pais por duas horas, duas vezes por mês. Amanhã irei com você."

Fiquei muito feliz por vê-los, e eles se alegraram muito em me ver. Papai começou a se interessar pelo lugar em que eu vivia:

"Júnior, você tem a certeza de que lá irei sarar? Sinto muita dor na barriga, tenho fraqueza e não durmo. É um inferno!"

"Lá o senhor ficará bom. Ficará internado num hospital fantástico e irá sarar."

Papai, por incrível que pareça, foi o primeiro a querer vir conosco. Mamãe, não querendo ficar sozinha, veio também, mas isso só se deu após oito meses da minha primeira visita.

Os dois foram abrigados no hospital da colônia, e eu ia vê-los todos os dias. A recuperação foi lenta, mas isso foi bom, enquanto saravam aprenderam muitas coisas boas.

Como fiquei feliz quando pudemos, vovó e eu, levá-los para nossa casa. Moramos os quatro juntos e somos felizes.

"Júnior", disse papai um dia. "Hoje perdoei José e tento até entendê-lo. Ele errou muito, deixo-o com sua colheita. Quero é cuidar de minha plantação."

"Que bom, papai! Vamos recomeçar vida nova com esperança e fé!"

Oro por José, para que se arrependa. Mas estamos mesmo a fim de viver do melhor modo possível aqui, no plano espiritual, e aproveitar para aprender bem e sermos melhores.

É isso que tenho a dizer sobre minha última existência carnal, em que fui deficiente mental. Abraços a todos!

Obrigado

Júnior

Explicações de Antônio Carlos

Tenho visto muitos casos em que o espírito que encarna, por algum motivo (e como tem motivos!), como deficiente mental ou físico, ajuda os que o cercam.

Normalmente esses espíritos, aceitando suas limitações, são pacíficos e tentam melhorar espiritualmente, e quase sempre têm conseguido. Normalmente todos os deficientes mentais são socorridos após suas desencarnações e, dependendo de alguns fatos, logo estão bem, abrigados em lugares bons do plano espiritual. Estando bem, é natural que se preocupem com seus afetos.

E como eles tentam ajudar!

Não devemos pedir nada a desencarnados, principalmente a afetos. Quando pedimos a Deus, Ele nos dá permissão para que outros filhos Seus ajudem seus irmãos, e que pode ser eles ou não.

Nesta narrativa, Júnior se preocupou com os pais, que não estavam bem, que sofriam e queriam vingança. Ele, primeiro com a ajuda do instrutor e depois da avó, ajudou seus queridos pais com êxito.

Ao organizar este livro, fui indagado: "Há deficientes maus?" Sim, há, respondi, como também há os revoltados. Estamos todos nós na roda da reencarnação para trocar vícios por virtudes, aprender e progredir espiritualmente. Enquanto não fizermos isso, podemos agir com maldade em muitas circunstâncias.

Normalmente, um deficiente mental não tem condições de agir com maldade, está impedido, só irá provar que aprendeu a lição em outra encarnação, de posse de suas funções normais.

Mas a deficiência é um grande aprendizado e aprendemos sempre quando queremos. Lições não nos faltam!

E inteligentes são aqueles que aprendem pelo amor!

Benedito

Benedito Bacurau, racha lenha e come pau.

– Seus moleques...

Era assim que muitos garotos se divertiam brincando comigo, e eu, às vezes, achava ruim, outras não, mas fingia sempre que achava. Não via maldade, aliás para mim todos eram bons e se brincavam comigo era porque respondia e até corria atrás deles. E a garotada se divertia, e eu gostava de ver todos alegres.

– Menina, não incomode o sr. Benedito!

– Deixe dona, ela não incomoda, não acho ruim, gosto de crianças.

Às vezes, uma mãe ou alguém adulto interferia. Mas gostava dessas brincadeiras e me divertia também. Embora às vezes houvesse abusos, era ofendido com palavreado de mau gosto, isso quando não havia tentativas de agressões físicas. Ficava triste nessas ocasiões, mas nunca machuquei ninguém.

Tudo porque era, ou seja, fui um deficiente mental. Meus pais, com sífilis, danificaram o feto e eu nasci com retardamento mental.

Éramos pobres, morávamos numa casinha pequena nos arredores da cidade, meus pais trabalhavam juntamente com meus irmãos na lavoura, eu até a adolescência os ajudei, depois aprendi a cortar lenha e passei a fazê-lo em casas de família.

Isso foi há muito tempo. No interior, os fogões modernos demoravam mais tempo para serem instalados. Usava-se então a lenha como combustível. As famílias recebiam a lenha e eu trabalhava por dia em suas casas, rachando-as e empilhando-as para que seu manuseio ficasse mais fácil. Gostava de fazer isso, cortar lenha, tinha muita força e pontaria, fazia bem meu trabalho a troco de comida e uns trocados que dava à minha mãe.

Lembro bem de todos os acontecimentos vividos na minha última encarnação. É como se tivessem acontecido há minutos e não há anos. Foi uma encarnação marcada pela dificuldade financeira, doenças, mas de grande proveito, onde aprendi, a meu ver, a mais preciosa lição: amar. Dei valor à vida física, me reconciliei com irmãos, passei por dificuldades enormes sem reclamar e voltei para o plano espiritual após ter desencarnado sentindo-me bem comigo mesmo, em paz e totalmente equilibrado, harmonizado com as Leis Divinas.

Tinha plena noção de que era diferente. Achava lindo ver as pessoas lerem e tinha a sensação de que poderia ler também. Até pegava livros ou revistas e fingia estar lendo, parecia que já soubera ler, e bem. Mas não conseguia, olhava as letras e não sabia como fazer para entendê-las, ficava triste, a tristeza doía no peito.

– Então você, Benedito, quer ler? Vamos, pegue esse jornal e leia.

– Não sei não, senhor, não consegui aprender – respondia, encabulado.

Mas distraía-me logo com outra coisa, não ficava muito tempo triste. Nunca fui à escola. Minha mãe dizia sempre, quando eu pedia para ir:

– Você é tão burro que não deve ir à escola, lá nada aprenderá, só irá atrapalhar os outros. Não irão aceitá-lo! Você não aprende!

Mas, às vezes, tinha uma sensação que me era prazerosa, de que sabia ler, que já o fizera, e muito.

Sonhava muito, nesses sonhos eu lia alto, com voz bonita e agradável. Via-me elegante e bem vestido. Gostava muito de sonhar! Também sonhava que conversava com outras pessoas, educadas e bondosas, que estavam sempre me aconselhando o que deveria fazer.

"Coragem, Benedito, tenha fé, ore e seja bom."

Gostava de ir à igreja, mas gostava mesmo era de ir a procissões. Mamãe me vestia com a melhor roupa e íamos. Mas, ao orar, confundia todas as orações:

– Vou bater nele "seu" padre – disse mamãe. – Benedito não aprende a rezar. Se o faz "alto" é motivo de risadas para os outros.

– Não, dona Catarina, não bata nele, ele ora como sabe, e os santos gostam.

– O senhor acha que os santos gostam de orações erradas? – perguntou mamãe, assustada.

– Dona Catarina – continuou o padre –, os santos gostam de pessoas de coração puro, e Benedito o tem. Peça a ele para orar "baixo", assim ele não atrapalhará ninguém.

Minha mãe espalhou para todos que o padre dissera que os santos gostavam de minhas orações e, por algum tempo, me senti importante.

Pelo meu trabalho pesado, tive alguns acidentes, foram vários cortes profundos com o machado. Uma vez cortei meu dedo, doeu muito e inflamou. O farmacêutico fez vários curativos. Não reclamava de nada, se doía muito, chorava. Só achava ruim ficar sem trabalhar. Amava meu trabalho, me distraía com o que fazia. Depois, gostava de tomar as refeições nas casas em que trabalhava, sempre me davam farta e variada comida.

Minha infância foi simples, morávamos num sítio, tinha oito irmãos, todos um tanto deficientes mentais, mas eu fui o mais. Todos casaram, constituíram família, menos eu, que fiquei com meus pais.

Gostava muito dos meus avós maternos e cuidava muito deles. Tinha muita paciência com meu avô, que ficou caduco, esclerosado, acompanhava-o muito, dava-lhe banho e alimentos, não deixava ninguém aborrecê-lo.

– Que paciência você tem conosco, Benedito. Que bondade você é! – dizia sempre vovó, abraçando-me.

Quando vovô desencarnou, mudamos para a cidade, foi então que comecei a rachar lenha. Vovó foi ficando doente e enfermou realmente, não levantando mais da cama. Mamãe trabalhava com meu pai, e eu cuidava de vovó. Ela sofreu muito, teve câncer de pele que se generalizou. Eu fazia tudo para ela e com todo carinho. Quando gritava de dor, chorava, querendo que a dor dela fosse minha.

– Benedito – disse ela um dia –, amo você mais do que meus filhos. Você é parte de mim, não sei por quê, acho que o prejudiquei muito, e você, como Nosso Senhor Jesus Cristo, me perdoou e até me ajuda.

Ri sem entender, amava vovó e tudo o que fazia a ela era de modo carinhoso.

Senti muito, a ponto de adoecer, quando ela desencarnou. Dois meses depois ainda estava muito triste. Numa tarde, estando sozinho em casa, eu os vi. Vovô e vovó surgiram na minha frente:

"Meu neto!", disse vovó. "Não fique triste, estou muito bem. Veja, estou saudável e com roupas novas. Estamos, seu vovô e eu, muito felizes, morando num lindo lugar. Amamos muito você e não queremos que sofra, que chore por nós."

Conversamos por alguns minutos, não tive medo. O amor sincero nos unia. Desde esse dia, não chorei mais por vovó. Tinha a certeza de que ela estava feliz. Depois sonhava muito com ela, e seu amor me sustentava.

Era desligado do corpo físico enquanto dormia. Conversava com entes queridos, encontrava sempre com meus avós e deles recebia muito carinho.

Papai desencarnou repentinamente, achando que estava encarnado ficou um bom tempo conosco, eu o via e não gostava de vê-lo naquele estado deprimente e perturbado. Acabei por contar a mamãe o que estava vendo. Ela não acreditou e me surrou, pensando que estava mentindo.

Um dia, ao cortar lenha na casa de um senhor espírita, ele me disse:

– Senhor Benedito, vejo-o acompanhado por uma luz muito bonita!

– É o amor de minha avó – respondi. – Só que não gosto é da outra coisa que também, às vezes, fica comigo. É o meu pai! Mas não posso falar, porque se mamãe souber que estou falando isso ela me bate.

– Pois eu acredito em você. Pare com seu trabalho e sente-se aqui um pouquinho. Chame seu pai, direi a ele para não incomodá-lo mais.

– O senhor fará isso? Conversa com os mortos?

– Sim, converso e explicarei a ele a necessidade de ir para outro lugar – respondeu esse senhor.

Depois desse dia, não vi mais papai. Esse senhor espírita o doutrinou e ele foi levado para uma colônia.

– Benedito, diga alpiste.

– Arpite, porque não sei dizer alpiste.

Ríamos, eu e quem me mandou dizer. Falava bem e de tudo, só que brincava, quando alguém me mandava dizer uma palavra difícil, falava errado e, em seguida, pronunciando a palavra corretamente, explicava que não conseguia fazê-lo. Falava certo, só que de modo simples e caipira, como toda a minha família. Sabia o significado de muitas palavras como se fosse um letrado.

– O que significa magnífico, Benedito?

– Muito bom!

– Você acertou de novo! Quem lhe ensinou?

– Não sei, aprendi sozinho – respondia rindo.

– Você é inteligente, retardado! Admirável!

– Admirável é fenomenal! – respondia contente.

Mamãe teve derrame e passamos por muitas dificuldades. Fomos morar com uma irmã, e eu, além de trabalhar para ela, rachar lenha, ainda cuidava de minha mãe. Ela desencarnou, me senti sozinho. Fiquei morando com essa irmã.

Aos sessenta e cinco anos, adoeci, fiquei tuberculoso e fui internado num hospital, de onde não saí mais até que meu corpo morreu. Como gostava de tudo, gostei também do hospital, mas fui piorando a cada dia. Os enfermeiros me tratavam bem. Visitas? Só dos meus amigos desencarnados:

"Então, 'seu' Benedito Bacurau, agora não racha lenha mais. Ainda come pau?"

Ria e respondia:

– Nunca comi pau, como comida, e da gostosa. Quanto à lenha, racho de novo, quando Deus quiser.

Não foi fácil ficar de repouso, eu nunca ficara ocioso, mas a doença me enfraqueceu; nem forças tinha para levantar sozinho.

Desencarnei tranquilo, foi como dormir. Naquele dia, estava pensando muito no passado. Lembrei-me de muitos fatos ocorridos comigo desde pequeno. Às vezes, me esforçava para não recordar, mas não conseguia, as lembranças vinham.... Vi-me pequeno, brincando no riacho, tentando subir nas árvores, lembrei-me dos meus avós, pais de toda a família, do meu trabalho. Senti-me tranquilo, não fiz nada de errado, nada de que pudesse me arrepender nessa hora. Fui tendo um sono gostoso e acordei em outro lugar.

"Olá, Benedito. Como está meu querido?", disse vovó.

Sorri ao revê-la. Estava, ultimamente, vendo-a tanto que nem estranhei. Espreguicei-me.

"Queria ficar por aqui e não acordar mais", respondi. "Tenho tomado injeções que têm doído um bocado."

"Então se prepare para uma boa notícia. Você teve o corpo físico morto e agora ficará conosco."

"Morri! Passei a ser assombração? Alma do outro mundo?", perguntei, assustado.

"Largue de bobagens, você é o mesmo, foi só seu corpo cansado e doente que morreu. Venha, levante-se, vem ver que lindo jardim temos aqui."

Vovó me puxou pela mão, levantei fácil. Percebi que estava completamente saudável. Ri, feliz, e fui ver o jardim. Logo na entrada tem uma placa, olhei e li seus dizeres:

"Bem-vindos à Colônia Vida e Luz! Bem vi... Vovó, como fiz isso? Não é isso que está escrito? Meu Deus! Leio!"

"Benedito, você receberá explicações para tudo o que quer saber. Sei pouco, você só teve o corpo físico com deficiência, agora, desencarnado, está de posse de seus conhecimentos. Foi retardado só na matéria. Recorde que, quando você vinha nos visitar desligado do corpo enquanto dormia, você era como agora, normal. Vejo-o como você é, como sempre foi para mim, uma pessoa boa, amável, lindo, inteligente, perfeito e que muito amo."

Foram alguns dias de surpresas e eu adorei estar desencarnado. Passei a morar com vovó numa casa linda e confortável. Minha adaptação foi rápida, não tive reflexo de nenhuma doença. Logo estava conhecendo tudo e aprendendo a viver de modo desencarnado para ser útil.

Soube, então, do meu passado. Na minha penúltima encarnação nasci na mesma cidade em que vivi nesta, quando fui deficiente. Fui filho de fazendeiro, família de posses, estudei em colégios caros e bons. Apaixonei-me por uma jovem simples e pobre, e meus pais se opuseram. Meu pai me mandou viajar a pretexto de fazer um negócio. Estive quarenta e seis dias longe, e quando voltei a encontrei casada. Vim a saber que, por dinheiro que meu pai lhe deu, ela prometeu se afastar de mim e casou-se com outro, um antigo namorado que também era apaixonado por ela.

Desesperei-me, revoltei-me contra meu pai e, num ato de covardia, tomei veneno e desencarnei.

Sofri muito como suicida, fui socorrido tempos depois, então percebi o tanto que fiz mal aos meus pais. Não suportava vê-los sofrer. Pedi perdão a eles, só que não quiseram me perdoar, demoraram para fazê-lo. Como é triste e angustiante fazer aqueles que amamos sofrerem por nossa imprudência! Perdoaram-me, mas nunca esqueceram o filho ingrato que se matou por bobagem.

"Quero renascer", implorei. "Quero aprender a dar valor à vida!"

"Você teve de tudo, que materialmente se pode ter. Teve pais honestos e bons, um corpo perfeito, entretanto, não deu valor", disse um instrutor.

"Entendo que perdi uma grande oportunidade. Não me importo, até acho certo e justo ser privado daquilo que não dei valor. Deixe-me voltar para perto daquela que foi para mim a causa de minha insensatez."

Foi permitido e vim a ser neto dela. Eu sabia, antes de reencarnar, que meus pais, tendo sífilis, poderiam ter danificado o feto, assim eu teria o corpo, o cérebro, lesado. Foi o que aconteceu, porém eu, espírito eterno, tinha posse da perfeição que o Pai criou. Não estava perispiritualmente danificado. Por isso que, ao sair do corpo enquanto dormia, era perfeito e desfrutava dos meus conhecimentos.

Logo depois de meus estudos, quando apto, passei a trabalhar com ex-suicidas. Hoje, trinta anos depois de ter desencarnado, sou um instrutor da Casa do Caminho, uma das colônias que abrigam os imprudentes que mataram seu corpo físico. Amo muito meu trabalho. Vovó está encarnada e a visito sempre. Não tenho planos de reencarnar, mas sim de continuar meu trabalho por muitos anos ainda. Recordo sempre, como para me motivar:

"Benedito Bacurau, racha lenha e come pau."

Estou sempre sorrindo e sou profundamente grato a esta encarnação em que fui deficiente mental por ter tido a oportunidade de aprender, de dar valor à vida física mesmo com limitações, de ter sido muito mais útil que nas reencarnações anteriores, em que tive o corpo físico sadio. Fiz nesta, dentro das minhas limitações, o que me foi possível.

Explicações de Antônio Carlos

A modéstia fez com que Benedito não narrasse o que ele fez de bom e ainda faz.

Deficiente mental, não teve capacidade nem oportunidade de aprender muitas coisas, tinha limitações que, se trabalhadas, o tornariam muito mais capaz.

Nem todos têm, como ele, encontros com bons amigos desencarnados ou vão para planos superiores, onde se sentem de posse de conhecimentos espirituais. Esse fato é raro, mas vemos em muitos esse desprendimento.

Mas como usou bem sua capacidade! Foi uma pessoa boa. Compreendia, sem se ofender, as brincadeiras de mau gosto de certas pessoas que, sem pensar muito, tentam ridicularizar outras, apelando para as deficiências.

Benedito entendeu o tanto que errou quando se suicidou, sofreu muito, aproveitou a oportunidade, reencarnou não tendo aquilo que muito teve e que não deu valor.

Ele foi muito trabalhador, seu trabalho era pesado e pouco remunerado, e nunca ficava com algo para si. Dava tudo o que recebia primeiro à mãe, depois à irmã e, quando ganhava algo de presente, dava a quem não tinha.

Cuidou dos avós, da mãe, dos sobrinhos, de pessoas da família e até de vizinhos doentes. Tinha paciência e bondade ao fazer isso.

Certamente que as deficiências mentais são em diversos graus, e a de Benedito não foi profunda. Espírito ativo e disposto a fazer algo de bom, conseguiu. Isso nos exemplifica que, quando queremos, fazemos.

Tive um grande exemplo com a vivência de Benedito. Admiro-o, porque foi útil na privação, na doença e na deficiência. Assim, todos nós, que nos julgamos capazes, façamos como ele, sejamos úteis nem que seja a nós mesmos.

Benedito, ao desencarnar, tornou-se sadio porque seu espírito o era. Sua vivência no bem, sendo bom, justo, caridoso, e o sofrimento, fizeram-no merecer socorro e ser levado, até sem os reflexos do corpo, para uma colônia, onde nem passou por período de adaptação. Como ele, há muitas outras pessoas. Isso tem acontecido, elas deixam o corpo doente, deficiente, pela desencarnação ou até mesmo enquanto adormecem, e no plano espiritual são aquilo que seus atos a fizeram ser, sadias e com toda a sua capacidade.

Benedito, hoje, é um ótimo instrutor e muito tem feito em prol dos imprudentes que não respeitam o corpo físico, a veste que recebemos para vivenciar este planeta Terra.

Conclusões de Antônio Carlos

SOMOS O QUE REALIZAMOS. Imprudentes, muitas vezes não damos valor ao que recebemos de graça para progredirmos espiritualmente.

Depois que o indivíduo mergulha num estado de perturbação profunda, não há como ele se reajustar, refazer por si próprio. Um escravo não consegue libertar outro escravo. Só um liberto consegue libertar um escravo. Portanto, só um equilibrado pode ajudar um desequilibrado. É assim que Deus socorre Seus filhos, por meio de Seus próprios filhos.

Essa é a necessidade que temos de ajudar uns aos outros, pois nós próprios ainda não encontramos harmonia total de viver. Ao ajudar os mais necessitados, estamos esquecendo de nós mesmos, exercitando a unidade do ser humano e nos predispondo a receber o auxílio daqueles que estão melhores que nós. Portanto, ajudar não é caridade nem abnegação, é uma necessidade de bem viver.

Lembrei-me agora de um exemplo bem simples:

Uma senhora, tendo uma casa no litoral, ficando um tempo sem ir, sem usá-la, deixou-a em desordem e na sujeira. Querendo usufruí-la, arrumou três faxineiras para ajudar a torná-la habitável. Ela e as três senhoras trabalharam o dia todo limpando, arrumando-a e, no fim do dia, a proprietária exclamou:

"'Está em ordem!'

Pelo uso indevido ou por falta de uso, por descaso e por muita imprudência, deixamos nosso espírito em desordem, desequilibrado, e teremos um dia de colocá-lo novamente em harmonia.

É um trabalho intenso de organização, de recuperação, em que sempre temos que contar com a ajuda alheia.

"'Que faxina! Que grande faxina!', disse-nos nossa amiga, Deise, que tem no filho, Fábio, sua grande experiência. 'É trabalho para uma vida toda!'

Sim, é verdade, Deise sabe disso, porque sua luta não é só para recuperar seu filho, mas outros tantos deficientes também. Ela nos ajudou emprestando livros e com pesquisas, colaborando conosco na realização deste livro. E lhe somos muito gratos.

Não temendo o trabalho, Deise poderá dizer como muitos outros pais. Feito! Conseguimos! Como essa realização faz bem!

Todos os fatos mencionados neste livro não teriam necessidade de acontecer. Vivemos hoje os resultados das nossas ações do ontem. Portanto, o homem é quem decide, por meio de suas atitudes de hoje, como será sua vida no futuro. Se pararmos um pouco e olharmos com carinho e atenção para esta realidade, vamos excluir das nossas existências oitenta por cento de dores, angústias e conflitos, que são resultado da vida egoísta e maldosa que hoje estamos vivendo. Deus não tem por princípio castigar seus filhos, pelo contrário, Ele tudo nos concede para que Sua manifestação no homem e fora dele, seja uma apoteose de plenitude.

Fim

Algumas palavras do nosso amigo, José Carlos Braghini

HOJE O NOSSO PLANETA PASSA por momentos difíceis e perturbadores, vemos o lixo do passado aflorando como agressões de maldade, ódio e desrespeito ao semelhante. Vemos o homem, nossos filhos, nossos entes queridos, se destruindo no vício das drogas, do álcool, da animalidade.

Vemos também o protótipo do futuro, espíritos que amam profundamente e dedicam suas existências para o bem coletivo. Homens que lutam por construir a igualdade entre os homens, a felicidade para todos, enfim, por um novo céu e uma nova terra.

E temos a oportunidade ímpar de aqui estar e participar do início da construção de um novo mundo.

Se conseguirmos vencer os impulsos inferiores herdados da raça e do ambiente hostil de hoje, não só seremos os alicerces dessa nova humanidade, mas realizaremos. Mas muito melhor do que estarmos realizados é que nós dignificaremos, com a personalidade que hoje representamos, e participaremos efetivamente do esforço da natureza em fazermos o melhor de todas as criaturas.

São Sebastião do Paraíso,
outubro 1997

Ao terminar a leitura deste livro, talvez você tenha ficado com algumas dúvidas e perguntas a fazer, o que é um bom sinal. Sinal de que está em busca de explicações para a vida. Todas as respostas de que você precisa estão nas Obras Básicas de Allan Kardec.

Se você gostou deste livro, o que acha de fazer que outras pessoas venham a conhecê-lo também? Poderia comentá-lo com aquelas do seu relacionamento, dar de presente a alguém que talvez esteja precisando ou até mesmo emprestar àquele que não tem condições de comprá-lo. O importante é a divulgação da boa leitura, principalmente a da literatura espírita. Entre nessa corrente!

Livros da Patrícia

Best-seller

Violetas na janela

O livro espírita de maior sucesso dos últimos tempos – mais de 2 milhões de exemplares vendidos! Você também vai se emocionar com este livro incrível. Patrícia – que desencarnou aos 19 anos – escreve do outro lado da vida, desvendando os mistérios do mundo espiritual.

Vivendo no mundo dos espíritos

Depois de nos deslumbrar com *Violetas na janela*, Patrícia nos leva a conhecer um pouco mais do mundo dos espíritos, as colônias, os postos de socorro, o umbral e muito mais informações que descobrimos acompanhando-a nessa incrível viagem.

A Casa do Escritor

Patrícia, neste livro, leva-nos a conhecer uma colônia muito especial: A Casa do Escritor. Nesta colônia estudam espíritos que são preparados para, no futuro, serem médiuns ou escritores. Mostra-nos ainda a grande influência dos espíritos sobre os escritores.

O voo da gaivota

Nesta história, Patrícia nos mostra o triste destino daqueles que se envolvem no trágico mundo das drogas, do suicídio e dos vícios em geral. Retrata também o poder do amor em benefício dos que sofrem.

Leia e divulgue!
À venda nas boas livrarias espíritas e não espíritas

Psicografados por Vera Lúcia Marinzeck de Carvalho